Porches, p~~, terrazas y balcones

Mil ideas y soluciones

LIBSA

© 2000, Editorial LIBSA
c/ San Rafael, 4
28108 Alcobendas (Madrid)
Tel.: (34) 91 657 25 80
Fax: (34) 91 657 25 83
e-mail: libsa@libsa.es
ISBN: 84-7630-950-3
Dep. legal: M-5790-00

Coordinación de la obra: Producción Gráfica, Grupo 7 Editorial, S.L.
Autor: Fco. Javier Alonso de la Paz
Diseño: Carlos González-Amezúa
Ilustraciones: Antonio Perera Sarmiento

Derechos exclusivos de edición. Esta obra no puede ser reproducida en parte o totalmente, memorizada en sistemas de archivo o transmitida en cualquier forma o medio electrónico, mecánico, fotocopia o cualquier otro, sin la previa autorización del editor.

Impreso en España/*Printed in Spain*

La desinteresada colaboración que nos han brindado Ana y Vicente Andrés, Enrique Caldeiro, Angel Guerrero, Porfirio Herrero, Pepa Martínez y Angel Romero, al dejarnos fotografiar sus hogares y ayudarnos en la localización de recónditos lugares, ha servido para plasmar en imágenes este libro que ahora tiene en sus manos.

Los habitantes de Sevilla, Marbella, Estepona, Benalmádena, Punta Umbría, Elche, Pedraza y la Sierra de Madrid, tuvieron con nosotros todo tipo de atenciones, que desde aquí les reconocemos.

Deseamos hacer extensivo este agradecimiento a la Dirección del Hotel Alfonso XIII de Sevilla, que nos permitió tomar fotografías en un marco inigualable.

Del mismo modo, queremos agradecer a los responsables del Jardín Botánico de Madrid las facilidades prestadas en la obtención de fotografías de tan singular recinto.

Gracias a la ayuda de Bourguignon ha sido posible realizar algunas de las mejores fotografías de sus viveros en Madrid.

Nuestro más sincero agradecimiento a todos cuantos han hecho posible este libro.

Porches, patios, terrazas y balcones

En cada hogar existe un espacio próximo a la fachada o inmerso dentro de la propia construcción, desde donde es posible disfrutar de la agradable brisa del atardecer bajo la sombra de una pérgola o la copa de un árbol, al igual que de los cálidos rayos que el sol proporciona a lo largo del día. Estas circunstancias suponen una clara alusión a las balconadas, que se engalanan con los colores más llamativos de las plantas de temporada, las terrazas, en las que se disfruta de una agradable cena a la luz de la luna, e incluso los patios, tan habituales en las regiones de climas cálidos y en los que el frescor y la exuberancia de las plantas perennes propician un ambiente idóneo para el descanso y la relajación durante los días más sofocantes del verano.

Además de estos lugares concebidos para hacer más amena la vida cotidiana, existen otros espacios en los aledaños de la vivienda que resultan ideales para aprovecharlos como superficies de cultivo de todo tipo de ejemplares ornamentales, ya sean herbáceos, arbustivos o de porte arbóreo. Así, es posible crear pequeños jardines con terreno libre para que enraícen desde bulbosas hasta plantas perennes de cualquier tamaño, lo mismo que utilizar fachadas, rejas y barandillas para sustituir el desarrollo horizontal de los tallos por el vertical, formando verdaderas composiciones cargadas de armonía y color cuando las zonas de paso o las características específicas de la vivienda inducen a ello.

Cualquier especie vegetal que se ajuste a las condiciones de cultivo en recipientes o terrenos de escasas dimensiones, puede incorporarse al entorno ajardinado de la vivienda, con la ventaja añadida de que, aún tratándose del exterior, disfrutan de la protección que la fachada, la cornisa del tejado o la presencia de un porche proporciona a cada planta, siendo posible incluir alguna procedente de climatologías más benignas, que perecerían si se situasen por completo a la intemperie.

Porches y recibidores

La entrada al interior de la casa puede acondicionarse de muy diversas formas, ya sea albergando una gran cantidad de plantas de variadas tonalidades, o bien utilizando escasos pero originales ejemplares que se ajusten perfectamente a las líneas y los contornos que marca la arquitectura.

Los porches y los recibidores suelen caracterizarse por la protección que confieren a las especies vegetales distribuidas en ellos. Los aleros y las cornisas del tejado, la fachada y, en ocasiones, el propio diseño de la casa, evitan que las inclemencias del tiempo, ya sea por exceso de frío o calor, perjudiquen a las plantas.

Por otra parte, la proyección del tejado hacia el exterior permite que convivan en la misma zona de cultivo plantas de sol y sombra. Para sacarles todo el partido, hay que diferenciar la superficie disponible marcando una línea imaginaria al agrupar las macetas y las jardineras, que separe la zona en que inciden directamente los rayos solares, donde podrán ubicarse pensamientos (*Viola* sp.), petunias (*Petunia* sp.), celosías (*Celosia* sp.), salvias (*Salvia* sp.) o verbenas (*Verbena* sp.), y aquella en que exista la protección de una sombra, que podrá albergar alegrías (*Impatiens* sp.) y begonias (*Begonia* sp.).

Cuando el sol penetra hasta la misma puerta de entrada, otra opción consiste en crear un espacio de sombra artificial, alternando plantas de temporada para zonas soleadas, como las dimorfotecas (*Dimorphoteca* sp.), los margariteros (*Anthemis* sp.), los romeros (*Rosmarinus officinalis*) o los geranios (*Pelargonium* sp.), detrás de la cual es posible mantener las plantas más delicadas en este aspecto. En dichas situaciones, también se puede recurrir a la utilización de ejemplares típicos de climas cálidos, como la buganvilla (*Bougainvillea* sp.) y el jazmín (*Jasminum officinale*), o a composiciones realizadas con cactáceas y plantas crasas, distribuidas en macetas situadas a diferentes alturas sobre la pared o instaladas en portamacetas múltiples, o bien formando bellos conjuntos en recipientes de gran tamaño, combinados con sedos tapizantes (*Sedum* sp.) que cubran toda la base y adornen los márgenes con sus tallos colgantes repletos de flores. Cuando además se prefiere complementar la presencia de plantas con elementos de adorno y recipientes ornamentales, entonces existe la posibilidad de recurrir a grandes tinajas y jardineras que presenten motivos de adorno en relieve, en las que instalar ejemplares de coníferas y arbustos de copa solitarios o acompañados por especies tapizantes y de tallos sar-

La protección que proporcionan los porches y los recibidores de las entradas posibilita el cultivo de plantas de sombra y especies delicadas.

mentosos, como por ejemplo la gitanilla (*Pelargonium peltatum*), en superficies amplias, el amor de hombre (*Tradescantia fluminensis*), en zonas protegidas del hielo, o cualquier tipo de hiedra variegada (*Hedera* sp.) alternada con alguna planta de floración llamativa, como la verbena (*Verbena repens*) o el canastillo (*Alyssum maritimum*), en cualquiera de sus atractivas tonalidades de pétalos.

Por otro lado, al elevar la posición de la maceta, también es factible situar ejemplares de plantas perennes que precisan buena temperatura pero que no aceptan la presencia de los rayos solares, como sucede con la hortensia (*Hydrangea* sp.), los pendientes de la reina (*Fucsia* sp.) o la azalea (*Rhododendron simsii*).

En regiones donde el invierno es suave, algunas plantas de interior son capaces de mantenerse en el exterior, contribuyendo a proporcionar un ambiente gratificante a la entrada, como ocurre con el amor de hombre (*Tradescantia fluminensis*), la columnea (*Columnea* sp.), la palmera de Canarias (*Phoenix canariensis*) o el palmito (*Chamaerops humilis*).

En orientación norte, si el frío no es excesivo durante el período desfavorable del año, también encuentran un lugar donde desarrollarse a sus anchas diversas especies de helechos, así como las cicas (*Cyca revoluta*), los arces japoneses (*Acer palmatum*) y las aralias del Japón (*Fatsia japonica*).

En cualquiera de las alternativas elegidas, conviene no recargar demasiado la zona de entrada, escogiendo en la medida de lo posible ejemplares de singular belleza, bien formados y podados con elegancia y armonía cuando así lo requieran, y crear composiciones compensadas en tamaños y colores procurando que no desentonen con el diseño arquitectónico, especialmente cuando existan líneas muy marcadas, como columnas, escaleras, arcos o techos de madera.

Los ejemplares de verbena son idóneos para ocupar los márgenes de un porche, donde se alterne el sol y la sombra.

Cuando el ambiente es propicio, algunas palmeras características de interior pueden sacarse al exterior.

Fachadas y muros

ALGUNAS VECES, EL ESPACIO DISPONIBLE PARA DISFRUTAR DE LAS PLANTAS ORNAMENTALES NO ES EL APROPIADO O RESULTA DEMASIADO REDUCIDO. SIN EMBARGO, EXISTEN NUMEROSAS OPCIONES CON LAS QUE SOLVENTAR TALES CARENCIAS, COMO PUEDE SER EL RECURRIR AL CULTIVO VERTICAL, APROVECHANDO LA FACHADA DE LA CASA O LOS MUROS QUE DELIMITAN EL JARDÍN.

Sobre las superficies verticales, creadas artificialmente en la construcción de la vivienda, cabe la es posible distribuir diferentes tipos de especies vegetales, desde árboles de llamativo perfil hasta plantas de temporada, pasando por una amplia variedad de trepadoras y ejemplares perennes caracterizados por su bella floración. Sólo hay que escoger de forma apropiada la superficie de cultivo, tal como los parterres realizados en el suelo o las jardineras y las macetas incorporadas a la pared mediante elementos de sujeción estables.

AMBIENTES PARA EL DESCANSO

Cuando el espacio disponible es considerable, la propia fachada de la casa o cualquier otra correspondiente a edificios colindantes con el jardín pueden transformarse en originales rincones destinados a favorecer el descanso y la relajación.

Las pérgolas en forma de bóveda, en cuyo interior quede instalado un banco de madera o forja, y en donde la estructura esté cubierta y protegida por los tallos de varios ejemplares de rosales trepadores (*Rosa* sp.), glicinias (*Wisteria* sp.) o hiedra vid (*Parthenocissus quinquefolia*), suponen una elección muy acertada.

Utilizando piezas de madera es posible elaborar una estructura fija. El soporte principal será la propia fachada y, a partir de ella, se instalarán las columnas y las vigas necesarias a fin de crear una cubierta construida mediante una tupida capa de brezo o cañizo, o si se tiene la pretensión de que sea definitivo, instalando un tejado convencional con tablones de madera, sobre los que descansarán tejas de material cerámico, ya sean modernas o con un estilo rústico más o menos acentuado.

Aparte, si la disponibilidad de espacio es suficiente, resulta una buena idea convertir este lugar en un apacible cenador, protegido de la lluvia y el sol directo, alrededor del cual instalar parterres de piedra en los que ubicar las plantas de temporada más vistosas, junto con ejemplares arbustivos que actúen a modo de elementos de separación, e incluso distribuir alguna planta trepadora, como la pasionaria (*Passiflora carulea*), la ipomea (*Ipomoea* sp.) o el campsis (*Campsis* sp.).

A fin de completar tan agradables zonas aprovechando la presencia de amplios muros, también existe la posibilidad de realizar originales trampantojos simulando los tallos de una exótica planta tropical repleta de flores, o paisajes veraniegos con el mar de fondo y un sol permanentemente luminoso, al igual que cualquier elemento decorativo que en estado natural acabaría estropeándose, como

Ya sean modernos o de aspecto rústico, los muros suponen siempre un lugar idóneo para ubicar plantas.

bandejas cargadas de abundante fruta madura o ramos de flores llenos de vida y color.

COMPOSICIONES ORNAMENTALES

Las superficies demasiado uniformes pueden llegar a resultar algo monótonas y poco originales, siendo recomendable cultivar diferentes especies vegetales que aporten matices de color y forma variados, rompiendo las líneas y los rasgos de la fachada o el muro.

Entre las especies de árboles que mejor combinan entre sí por contar con una talla media, destacan el laurel (*Laurus nobilis*), el pruno (*Prunus* sp.), el arce (*Acer* sp.), el abedul (*Betula alba*) y el tilo (*Tilia platyphyllos*). Si se precisan ejemplares de mayor porte, se puede elegir entre el magnolio (*Magnolia grandiflora*), el álamo (*Populus alba*) o la mimosa (*Acacia mimosifolia*).

Todos estos ejemplos presentan una copa no demasiado ancha, siendo ideales para cultivar próximos a la pared que se desea cubrir.

En cuanto a las plantas trepadoras, la mezcla de tallos de caracteres contrapuestos posibilita obtener originales resultados, como por ejem-

Los muretes de mediana altura posibilitan la distribución de ejemplares de porte arbustivo e intensa floración.

Cualquier especie se beneficia de la presencia de los muros y las fachadas cuando el rigor del clima es excesivo.

Los tallos de algunas trepadoras tienen la cualidad de adherirse a cualquier tipo de superficie vertical.

Las construcciones cubiertas de cal realzan el colorido y la hermosura de plantas como el hibisco.

plo sucede al crear una densa masa de hojas de hiedra (*Hedera* sp.), entre las que se desarrollen algunas matas de glicinia (*Wisteria* sp.). De esta forma, cuando comience la temporada favorable del año, el frondoso manto verde que cubre la fachada se teñirá con llamativas manchas violáceas, proporcionando una original estampa. Sin flores, pero ofreciendo un llamativo contraste de color verde, resulta muy atractivo cultivar hiedra vid (*Parthenocissus quinquefolia*) en vez de glicinia, de tonalidad más clara durante la época de crecimiento, que se transforma en un rojo muy intenso justo antes de perder la hoja.

Si se desea mantener la pared libre de hojas durante el invierno y contemplar una tupida masa verde en la primavera y el verano, es preciso recurrir a la hiedra holandesa (*Parthenocissus tricuspidata*). Cuando se opta por el cultivo de trepadoras pero existe el deseo de proporcionar cierta irregularidad al contorno, conviene disponer arbustos de flor formando una especie de seto diferenciado, ya sea empleando adelfas (*Nerium oleander*), lilos (*Syringa vulgaris*), rosales (*Rosa* sp.), budleyas (*Buddleia davidii*) o celindos (*Philadelphus coronarius*). En esta misma línea, también se puede romper la monotonía de una superficie ocupada por completo con hiedra (*Hedera* sp.), colocando sobre ella varios módulos de celosía o empalizada de color blanco, bien con intención de crear una especie de zócalo a modo de vallado, o para realizar una composición más pronunciada en altura, formando arcos y perfiles de diferente tamaño y longitud en tramos rectos y curvos, con el aliciente estético que supone la presencia de hojas y tallos sobresaliendo entre los huecos de la celosía. Esta nueva superficie de sujeción es apta para distribuir alguna trepadora de llamativa floración, como es el caso de los guisantes ornamentales (*Lathyrus odoratus*), el jazmín de verano (*Jasminum officinale*), el jazmín de invierno (*Jasminum nudiflorum*), la correhuela (*Convolvulus* sp.) o los rosales trepadores (*Rosa* sp.).

Del mismo modo, es posible elaborar zócalos artificiales situando cañizo o brezo sobre la propia superficie cubierta de tallos y hojas de hiedra (*Hedera* sp.), obligando a la trepadora

Las rejas, como prolongación de los pilares que delimitan el jardín, pueden cubrirse con plantas de tallos trepadores.

La utilización de hiedra variegada, rompe la monotonía del verde de la especie común.

a que sus nuevos brotes atraviesen el entramado, logrando, de esta forma, un nuevo espacio libre en vertical para cultivar otro tipo de plantas ornamentales, como hortensias (*Hydrangea* sp.), rosales (*Rosa* sp.) o viburnos (*Viburnum* sp.).

CREACIÓN DE UN MINI-INVERNADERO EN ORIENTACIÓN SUR

Tanto para el aficionado a la jardinería como para el entendido en la materia, disponer de un espacio, por reducido que sea, acondicionado para ubicar ejemplares perennes o bulbosas que no soportan el frío invernal y necesitan protección, como ocurre con los geranios (*Pelargonium* sp.), las clivias (*Clivia* sp.), las lantanas (*Lantana* sp.) o las gardenias (*Gardenia* sp.), resulta siempre aconsejable. En este sentido, si existe la posibilidad, no hay que desaprovechar una parte de la fachada orientada hacia el sur para instalar una pequeña galería o vitrina a modo de mini-invernadero, confeccionado con cristales o bien utilizando material plástico transparente. En el primer caso será necesario recurrir a un especialista que lo instale a medida, pero si se escoge la segunda opción, basta con disponer de unos listones de madera para crear un armazón rígido y consistente, y cubrirlos con plástico de invernadero fijado adecuadamente a la madera mediante una grapadora, como si se tratase de reproducir los paneles enmarcados de una cristalera.

El tamaño de este tipo de estructuras protectoras puede ser muy variado, determinado esencialmente por el número de plantas a proteger y el espacio disponible.

VENTANAS

De forma habitual, las grandes fachadas que conforman la casa presentan discontinuidades de mayor o

A partir de los alféizares de las ventanas, los tallos de los vegetales pueden crear densas formaciones.

El intenso color amarillo de las flores de la mimosa confiere belleza al ambiente.

En la base de las fachadas orientadas al sur se puede elaborar un invernadero de reducidas proporciones para las plantas perennes que no soportan el rigor del invierno.

menor tamaño, las ventanas, necesarias para dejar que penetre la luz y el aire fresco al interior del hogar. Estrechamente unidas a ellas surgen algunas posibilidades decorativas para distribuir plantas ornamentales, sobre todo cuando existen alféizares, rejas o se incorporan portamacetas destinados a albergar plantas con floración de temporada.

En cualquier caso, es preciso tener en cuenta la orientación que ofrece cada ventana respecto a la posición del sol, pues de esta forma el cultivo de cada especie resultará más saludable y satisfactorio.

Durante el invierno, las primaveras (*Primula* sp.) o algunas bulbosas, como sucede con los azafranes ornamentales (*Crocus* sp.) o los tulipanes (*Tulipa* sp.), son las especies más apropiadas, siendo posible sustituirlas por violas (*Viola* sp.) y alhelíes (*Mattiola incana*) en la primavera, cuando su floración acabe perdiéndose. En verano se pueden plantar petunias (*Petunia* sp.), pensamientos (*Viola tricolor*) o celosías (*Celosia* sp.) en situaciones soleadas, mientras que las begonias (*Begonia* sp.) y las alegrías (*Impatiens* sp.) requieren que la sombra sea una constante durante todo el día. Para prolongar el período estival hasta bien entrado el otoño, los claveles chinos (*Tagetes* sp.), las clavellinas (*Dianthus* sp.) y, nuevamente, las violas (*Viola* sp.), representan algunas de las alternativas más apropiadas.

Si el alféizar dispone de suficiente espacio para dar cabida a varias macetas o alguna jardinera, no se debe desaprovechar la oportunidad para colocar aquellas que resulten más hermosas desde el punto de vista estético, procurando apoyar cada recipiente en su bandeja de drenaje correspondiente para evitar que al regar escurra el agua por la fachada, ensuciándola.

Si las ventanas son grandes, los ejemplares cultivados pueden tener cierta envergadura, pero si cabe la posibilidad de reducir la entrada de luz, conviene instalar unos portamacetas que sobresalgan hacia el exterior y queden debajo del alféizar. Para sujetarlas se puede utilizar la reja, caso de que exista, o bien emplear tornillos resistentes acoplados al muro mediante taladro.

La presencia de una reja proporciona una superficie adicional sobre la cual dejar que trepen los tallos de un jazmín (*Jasminum officinale*) o una variedad de hiedra (*Hedera* sp.) de hoja enana y crecimiento lento, cuyos nuevos brotes habrá que podar de forma adecuada para evitar que su desarrollo llegue a cubrir más de lo necesario el hueco por el que entra la luz a las estancias del interior de la vivienda.

Además de belleza, los jazmines proporcionan una agradable fragancia a las zonas ajardinadas.

ELEMENTOS ADICIONALES DE DECORACIÓN

Cuando no se desea que las fachadas queden cubiertas por plantas trepadoras, aunque sí existan ejemplares ornamentales que confieran vida al entorno, resulta muy indicado alternar con las jardineras y las especies vegetales cultivadas en ellas objetos y elementos decorativos de diversa índole que adornen con acierto la pared.

Como piezas de gran ayuda en este apartado, los soportes son fundamentales para distribuir los recipientes, recurriendo siempre a los que resulten más decorativos y al tiempo funcionales. Los materiales metálicos, en especial el hierro, son los más apropiados para los portamacetas fijos a la pared. Es preferible que tengan el mismo diseño, aunque los tamaños de cada uno sean diferentes.

También cabe la posibilidad de elegir portamacetas colgantes elaborados con cuerda o alambre para situar en puntos estratégicos de la puerta principal o flanqueando las ventanas. Para ello, si no se dispone de la cornisa del tejado o ésta queda muy alta, hay que instalar soportes en

La alternancia de plantas de temporada con otras perennes ofrece composiciones de singular belleza.

forma de escuadra en los que colgar este tipo de accesorios.

Los zócalos alicatados con azulejos de porcelana o losetas de barro cocido en diversos tonos ofrecen la ventaja de transformar completamente la fachada principal, creando un fondo ideal para que las plantas distribuidas en jardineras y situadas en el suelo adquieran mayor protagonismo.

La disposición de tejas de contorno curvo insertadas en la fachada a media altura, utilizando pasta de cemento o el mismo material empleado para recubrir la superficie, son ideales para convertirlas en originales portamacetas para plantas suculentas de tallos tapizantes, como son algunas especies de sedo (*Sedum* sp.), tomillo (*Thymus* sp.) o verbena (*Verbena repens*), o incluso si existe una toma de electricidad o se prefiere la tenue luz de las velas, emplearlas como originales farolillos fijos.

Otra posibilidad a barajar son las macetas colgantes planas por la cara que apoya sobre la pared, con aspecto de pequeñas vasijas o cestillos de mimbre en la opuesta, que queda a la vista. Del mismo modo, los benditeros, los platos de cerámica o los útiles rescatados del entorno rural son opciones perfectamente válidas para completar los espacios libres de cualquier superficie vertical.

La bonanza del clima puede llegar a convertir espacios reducidos en verdaderos vergeles.

Plantas para delimitar el entorno

Con bastante frecuencia, el diseño o la ubicación del terreno colindante obliga a tener que instalar setos y formaciones de plantas que lo aíslen de los aledaños o simplemente actúen como elemento de separación en distintas zonas del jardín. Para lograr un resultado óptimo hay que conocer las cualidades de cada especie, sobre todo en lo que concierne a la altura y la envergadura que llegan a alcanzar.

Las situaciones que pueden darse en el entorno de la casa son muy variadas y conviene encontrar resultados satisfactorios a cada una de ellas, máxime si se pretende evitar que en una zona de considerable pendiente se formen grietas durante la época de lluvias, cuando existe la necesidad de crear una barrera contra el viento mediante el empleo de especies arbustivas, o para lograr que un espacio del jardín en el que aparecen rocas que entorpecen el paso se convierta en un macizo repleto de belleza y color.

LOS SETOS CREADOS SOBRE JARDINERA

Uno de los recursos más habituales utilizados para conseguir tupidos setos, en los límites de una zona del exterior de la casa donde no exista terreno para cultivar, es el empleo de macetas de gran volumen para albergar arbustos de talla mediana que oculten con sus frondosos tallos el espacio requerido, como el laurel real (*Prunus laurocerasus*), los juniperos (*Juniperus* sp.), los boneteros (*Evonimus* sp.) o los romeros (*Rosmarinus officinalis*). Gracias a la amplia superficie disponible a pie de mata en cada recipiente, excepto en el caso de las coníferas que desarrollan sus ramas desde la base y además acidifican el substrato al desprenderse de sus acículas, resulta conveniente aprovecharla con fines ornamentales y estéticos, cultivando plantas de temporada que proporcionen color y alegría a lo largo de todo el año.

Cuando existen muros de piedra o cualquier otro tipo de material de construcción que no se eleve más de un metro y medio de altura, también resulta recomendable recurrir al cultivo en maceta o jardinera, empleando todo el margen superior como superficie de apoyo y al tiempo pedestal.

En el caso concreto de contar con un pequeño muro de piedra, una solución visualmente muy atractiva es eliminar las juntas de cemento profundizando hasta dibujar perfectamente los perfiles de cada piedra, lo que conferirá un aspecto rústico al jardín, además de brindar una superficie irregular, ideal para permitir que trepen los tallos de la hiedra holandesa (*Parthenocissus tricuspidata*).

En primavera, las cortinas creadas por los pétalos de la glicinia forman barreras de considerable hermosura.

LAS ZONAS LIMÍTROFES

Cuando una parte del jardín no se emplea como zona de paso o carece de utilidad práctica para el desarrollo de la vida cotidiana, la mejor solución es convertirla en una original masa vegetal destinada a proporcionar vida y frescor al exterior de la casa.

Con el propósito de conseguir composiciones en las que destaque la alternancia de tonalidad, tanto en el follaje como en la floración, resulta indicado distribuir en la misma superficie de cultivo ejemplares arbustivos de hoja perenne junto a trepadoras de llamativas flores o con tonalidades de matices cromáticos diferentes. Como ejemplo representativo, cabe destacar el contraste creado por un seto de mediana altura elaborado con agracejos (*Berberis vulgaris var. atropurpurea*), situados en posición avanzada dentro del parterre, con los tallos repletos de flores de la glicinia (*Wisteria* sp.), desarrollándose por detrás de él. La primera especie se caracteriza por sus originales hojas teñidas de tonalidades púrpuras y los frutos que en otoño cubren de rojo todas las ramas, y la segunda por los vistosos racimos de flores que se abren al principio de la primavera y sus delicadas hojas de color verde muy pálido.

Otra opción visualmente muy alegre consiste en disponer varias matas de vincha variegada (*Vincha* sp.) como fondo, junto con diversos ejemplares de madreselva arbustiva (*Lonicera nitida*) podados en forma cónica o redondeada.

Resultados muy semejantes se pueden obtener alternando otro tipo de plantas, especialmente aquellas caracterizadas por una floración muy intensa, como es el caso de las adelfas (*Nerium oleander*), las budleyas (*Buddleia davidii*) o los lilos (*Syringa vulgaris*), protegiendo totalmente con sus amplias copas

La copa de algunos árboles, además de impedir el paso de la luz, llena de aroma y color el entorno.

Determinados arbustos de formaciones de seto proporcionan abundante floración en las estaciones favorables.

Junto a las coníferas se encuentran numerosas especies aptas para delimitar los márgenes del jardín, como es el caso del Tamarix.

plantas de temporada situadas a sus pies, o bien recurrir al cultivo de especies perennes de porte rastrero capaces de cubrir totalmente la superficie disponible que tenemos, como el carpobrotus (*Carpobrotus edulis*) y el sedo (*Sedum* sp.), cuando existe un elevado grado de insolación, o el cotoneaster (*Cotoneaster* sp.) y la hiedra de hoja pequeña (*Hedera* sp.) si el ambiente es más sombrío y fresco.

LABORES DE PODA

La instalación de setos suele plantearse a partir de una necesidad concreta, y por este motivo su mantenimiento, especialmente en lo referente a las labores de poda, ha de ajustarse a cada caso específico.

Cuando el seto se cultiva para separar diversas zonas del jardín pero no se desea que supere una altura determinada, es preciso seleccionar los ejemplares que ya han alcanzado la longitud requerida y luego cortar todos los tallos que superen esta talla durante el crecimiento. Así, se logra favorecer el desarrollo en anchura de las ramas secundarias, obteniendo formaciones tupidas y frondosas a las que sólo será necesario podar superficialmente antes de que se inicie la primavera y despunten los nuevos brotes. Las especies más apropiadas para este fin son los boneteros (*Evonimus* sp.), los agracejos (*Berberis vulgaris*), y el espino de fuego (*Pyracantha* sp.).

En los casos en que se recurre a un seto para tapar la visibilidad o crear un elemento de protección contra la fuerza del viento, sobre todo en los márgenes del terreno y en determinadas zonas donde se ha optado por el cultivo de especies ornamentales de cierta delicadeza, conviene emplear especies de crecimiento rápido cuya ramificación produzca una trama densa y tupida de tallos y hojas. Para ello, la poda ha de contribuir a evitar el desarrollo en anchura del seto, favoreciendo el crecimiento interno de cada ejemplar y entrelazando sus ramas con los inmediatamente más próximos. La altura dependerá de las necesidades concretas, siendo recomendable cortar la guía de crecimiento una vez haya alcanzado la talla apropiada. En estas ocasiones, las arizónicas (*Cupressus arizonica*), los laureles reales (*Prunus laurocerasus*) y los aligustres (*Ligustrum japonica*) destacan entre las especies más indicadas.

La poda de la arizónica es precisa para mantener la estética de los setos creados con ella.

TALUDES

Se puede dar el caso de que existan zonas del jardín en las que el desnivel sea considerable, resultando preciso recurrir al cultivo de cierto tipo de plantas que contribuyan a sujetar el terreno, convirtiéndolo al tiempo en una espléndida alfombra de intenso color, o bien optar por establecer áreas escalonadas a fin de obtener superficies horizontales mucho más apropiadas para llenar de frondosos tallos y llamativas flores el exterior de la casa.

Especies tales como la hiedra (*Hedera* sp.), la verbena rastrera (*Verbena repens*), el enebro tapizante (*Juniperus* sp.), la gayuba (*Arctostaphyllos uva-ursi*), la santolina (*Santolina* sp.) o el sedo (*Sedum* sp.) suponen inmejorables elecciones para lograr que las raíces retengan el terreno durante la época de lluvias.

Con el mismo fin, pero algo más laborioso de poner en práctica, existe la posibilidad de reestructurar el suelo formando pequeñas terrazas. Estas pueden tener contorno regular, empleando traviesas de tren, troncos provistos de corteza y bordillos de piedra o material de construcción, aunque también cabe lograr originales composiciones de aspecto más natural mediante la distribución de rocas calizas o volcánicas, o bien borduras en forma de empalizada confeccionando una línea serpenteante totalmente irregular.

En cualquier caso, será preciso modificar la pendiente, retirando tierra de la parte más elevada de cada terraza para llevarla al lado contrario, y rellenar el espacio libre. Con esta labor se consigue además desmenuzar los terrones compactados, aireando el terreno y favoreciendo el desarrollo de las raíces de las plantas a cultivar.

Entre las especies más aconsejables de cara a lograr un incremento de los matices cromáticos, hay que apuntar que las canastillas (*Allysum* sp.), ya sean de color amarillo, blanco o rosado, las lobelias (*Lobelia* sp.) y las aubrecias (*Aubrieta* sp.) adornarán con sus tallos colgantes y tapizantes cada uno de estos escalones confeccionados artificialmente.

En terrazas y áticos, los arbustos cultivados en maceta y alineados confieren intimidad.

Los márgenes de una zona de paso pueden delimitarse creando una bordura con bulbosas o plantas de temporada.

La despensa ornamental

La siempre grata presencia de las especies vegetales en el entorno del hogar es un recurso muy estimado para lograr que el desarrollo de la vida cotidiana se torne mucho más placentero. Gracias a la posibilidad que nos brinda la naturaleza en el ámbito de los recursos culinarios, una amplia variedad de plantas de todos los tamaños y cualidades estéticas resultan idóneas para iniciar su cultivo en el jardín.

El aspecto decorativo de las plantas no tiene por qué estar reñido con la posibilidad de convertir parte del jardín en una zona destinada al aprovechamiento culinario. En este caso, hay que acondicionar un arriate a fin de convertirlo en una despensa viva y natural, procurando en todo momento conferir a sus límites el aislamiento necesario, en especial cuando se convive con animales domésticos.

Como primera medida, es preciso seleccionar una zona del jardín soleada y protegida para aprovecharla elevando el terreno mediante la construcción de un pequeño muro de piedra que actúe reteniendo la tierra por encima de su nivel habitual. En la parte más baja del mismo se deben dejar algunos agujeros de drenaje, a partir de los que pueda evacuarse sin problemas el exceso de agua. Hacia el interior de la zona de cultivo y pegada al borde de piedra, es recomendable instalar una pequeña valla con troncos de madera, tejas curvas de aspecto rústico o cualquier otro elemento que impida que las mascotas accedan a ella. A continuación, se procede a rellenar el arriate con el substrato apropiado, incluyendo una capa de grava en el fondo y una mezcla de la propia tierra del jardín o arcilla y substrato orgánico a partes iguales, hasta completarlo.

Tras un mantenimiento adecuado, el momento de la recolección se convierte en una de las actividades más agradables.

A la hora de cultivar aromáticas conviene reunir en la misma superficie de cultivo especies que demanden cuidados semejantes.

Es el momento de distribuir las plantas en función de sus necesidades de agua y luz, pudiendo aprovechar la parte trasera para plantar un pequeño laurel (*Laurus nobilis*), y la más cercana al margen para ubicar las más resistentes a los rayos directos del sol, como son las diversas especies de tomillo (*Thymus* sp.), el orégano (*Origanum vulgare*) o la manzanilla (*Matricaria chamomilla*). En la zona intermedia se podría crear un pequeño seto con matas de romero (*Rosmarinus officinalis*), con intención de proporcionar una zona de sombra a las especies que precisan un ambiente más fresco y húmedo, como por ejemplo la hierbabuena (*Mentha sativa*), la menta (*Mentha piperita*), la albahaca (*Cinopodium vulgare*) o el perejil (*Petroselinum sativum*).

El aporte de agua para las especies más delicadas ha de ser muy regular, sobre todo en la época de mayor crecimiento, tratando de que no les falte en ningún momento. De esta forma, los tallos y las hojas aumentarán en número y mejorarán en calidad.

Otra recomendación que no debe olvidarse es evitar el empleo de abonos sintéticos o cuyo origen sea desconocido. Siempre que exista la posibilidad, es preferible utilizar los posos de café, la ceniza producida por la chimenea, el mantillo elaborado a partir de los desechos de las granjas o el guano acumulado por las aves en las zonas de costa.

En caso de no disponer de una superficie de cultivo en el jardín, también puede recurrirse al uso de macetas y jardineras amplias, especialmente cuando la cocina cuenta con su propia terraza iluminada por los rayos solares. La única especie de las citadas con anterioridad que necesita un recipiente de mayor envergadura es el laurel (*Laurus nobilis*), debido al desarrollo que alcanza su cepellón de raíces a medida que pasa el tiempo.

Los frutales son una opción que no se debe eludir cuando el jardín disfruta de las condiciones oportunas.

Además de las plantas condimentarias, también cabe la posibilidad de cultivar diversas especies hortofrutícolas, para lo que habrá que reservar una pequeña porción de terreno en un lugar privilegiado del jardín. Las berenjenas (*Solanum melongena*), los pepinos (*Cucumis sativus*), las judías verdes (*Phaseolus vulgaris*) o el maíz (*Zea mays*), resultan ideales para cubrir dos o tres surcos en los márgenes, siendo posible incrementar la lista con varios ejemplares de fresas (*Fragaria vesca*), tomates (*Lycopersicum esculentus*), y alguna de las diferentes variedades de pimientos y guindillas (*Capsicum* sp.).

Las necesidades de espacio y los requerimientos que precisa este último grupo de hortalizas no resultan excesivos, lo que posibilita llevar a cabo su cultivo en jardineras convencionales, si es que no se puede crear el pequeño huerto en tierra firme. Si disponen de un suelo nutritivo, realizado a base de mezclar arcilla y substrato orgánico, así como de la presencia de los rayos y el calor que proporciona el sol, más un aporte de agua regular, el banquete está asegurado y permitirá disfrutar de los suculentos manjares que este tipo de plantas produce durante los meses favorables del año.

Algunas hortalizas, aparte de ofrecer suculentos manjares, cuentan con una floración de considerable vistosidad.

Terrazas para disfrutar

El jardín se acerca al hogar a través de estos espacios abiertos al exterior. Para lograr un auténtico vergel y sacar el mayor partido a cada rincón y recoveco, resulta preciso aprovechar los elementos que se encuentran disponibles en este tipo de superficies, tales como las barandillas, los alféizares, las paredes, las cornisas y, cómo no, el propio suelo.

Además de aprovechar las cualidades estéticas de la terraza en el momento de distribuir las plantas ornamentales, ya sea la variedad y el color de pavimento que presente, los rasgos de la fachada, los materiales en que está construida y, cómo no, las características diferenciales de la barandilla o la balaustrada, resulta indispensable tener en cuenta las condiciones ambientales que predominan en ellas, así como la protección necesaria en cada época del año ante las adversidades climatológicas más rigurosas.

En regiones de marcado contraste entre las diferentes estaciones, el momento de mayor esplendor, en cuanto a colorido, recaerá principalmente en la primavera y el verano, mientras que la hermosura de las flores podrá disfrutarse de forma continuada en aquellos lugares donde la bonanza del clima sea constante y uniforme, incluso en los meses de invierno.

LAS SUPERFICIES DE CULTIVO

Siempre que sea posible, es preferible que los recipientes empleados en el cultivo presenten unos rasgos acordes al ambiente donde van a ir ubicados, pudiendo elegir la cerámica decorada en caliente con motivos esmaltados cuando las paredes y los muros están encalados, o bien recurrir a jardineras y macetas de barro cocido si la fachada es de ladrillo visto y el suelo tiene losetas de color terracota, lo que confiere un ambiente rústico a la terraza.

En el caso de disponer de una terraza acristalada, queda muy bien emplear cubremacetas ornamentales destinados a favorecer el aspecto de tan luminosa estancia, al tiempo que, mediante un sencillo acondicionamiento del espacio libre entre ambos recipientes, se retiene mayor cantidad de humedad en torno a la

Con la llegada de la primavera, tanto las flores de temporada como las perennes presentan un aspecto inmejorable.

El empleo de macetas ornamentales, aún cuando el paso del tiempo haya dejado mella en su superficie, resulta imprescindible.

planta. Si se elige esta alternativa, hay que seleccionar un cubremacetas de diámetro mayor al de la maceta, para que, aproximadamente, quede un contorno de dos o tres centímetros libre alrededor de ella, y crear un lecho de gravilla sobre el que descansará el recipiente de cultivo, para después rellenar el espacio lateral con musgo empapado en agua.

De esta forma, los helechos como el culantrillo de pozo (*Dianthus capillus-veneris*), el helecho espada (*Nephrolepis exaltata*), o el helecho nido de ave (*Asplenium nidus avis*), se verán favorecidos por la evaporación del agua almacenada, al igual que otras especies tan apreciadas como la azalea (*Rhododendron simsii*), la monstera (*Monstera deliciosa*) y el espatifilo (*Spathiphyllum wallisii*).

En este tipo de ambientes artificiales, que reproducen las condiciones más apropiadas para el cultivo de especies de origen tropical, conviene instalar algún elemento de soporte para desarrollar plantas de tallos colgantes que incrementen la belleza y la frondosidad de la zona acristalada. Ejemplares de poto (*Scindapsus aureus*), columnea (*Columnea* sp.) o cinta (*Chlorophytum comosum*) figuran entre las elecciones idóneas para ocupar este tipo de posiciones, procurando utilizar siempre macetas con bandeja de drenaje incorporada, o poner una cuando el soporte así lo permita.

Las bulbosas resultan ideales para el cultivo en maceta debido a la escasa disponibilidad de suelo que precisan.

TERRAZAS AL AIRE LIBRE

La gran diversidad que presentan las terrazas no solamente viene reflejada por las dimensiones que puede alcanzar su superficie, sino también por la enorme cantidad de diseños y estilos arquitectónicos que ofrecen.

En lo que concierne al espacio destinado a las plantas, es posible en-

Cuando existe espacio suficiente, la terraza puede convertirse en un auténtico vergel.

contrar jardineras incorporadas a la propia estructura, realizadas con los mismos materiales de construcción empleados en la fachada, unificando así el ambiente. En estas circunstancias, las especies destinadas a formar tupidos setos resultan las más apropiadas para conceder mayor intimidad, sin por ello renunciar a la belleza de los colores ni al aroma de las flores. En consecuencia, conviene plantar arbustos que acepten de buen grado las labores de poda en formaciones de copa, como el aligustre (*Ligustrum* sp.), la madreselva arbustiva (*Lonicera nitida*) o el bonetero (*Evonimus* sp.), en combinación con plantas de porte rastrero, como por ejemplo las verbenas (*Verbena* sp.), los canastillos (*Alissum* sp.) o las gitanillas (*Pelargonium peltatum*), especialmente indicadas para proporcionar contrastes de tonalidad en la base de la superficie de cultivo. Estas plantas son idóneas en ambientes soleados, pero para conseguir el mismo efecto en zonas de sombra sería preciso sustituirlas por aralias del Japón (*Fatsia japonica*), alternadas con rododendros (*Rhododendron* sp.) o camelias (*Camelia* sp.), con el fin de aprovechar su floración y crear contrastes de tonalidad en las hojas. Todo ello, sin olvidar que para incrementar la belleza de estos espacios protegidos del sol se pueden incluir especies de temporada en los meses favorables del año, como las alegrías (*Impatiens* sp.) y las begonias (*Begonia* sp.).

Cualquier variedad de geranio es idónea para ubicar en una zona soleada de la terraza durante la época favorable.

Con respecto al cultivo en maceta, sobre todo cuando este tipo de recipientes va a quedar a la vista, hay que procurar que resulten atractivos y añadan un toque ornamental, máxime en los casos donde el entorno no sea demasiado decorativo a causa de los materiales empleados en delimitar la terraza o por el deterioro y la antigüedad de los mismos.

Para evitar que el suelo se ensucie por efecto del riego, provocando indirectamente el desafortunado goteo a la calle o la terraza situada en la planta más baja, es recomendable instalar unos recipientes de drenaje para que recojan todo el agua desaprovechada. Una buena solución pasa por construir unas sencillas y, al tiempo, decorativas bandejas de madera, protegidas en su interior con

La combinación en la misma superficie de cultivo de arbustos de mediana talla y ejemplares de temporada con tallos sarmentosos supone una inmejorable opción.

material plástico y rellenas hasta la mitad con gravilla o arcilla expandida. De este modo, además de lograr una utilización práctica del agua, las plantas dispondrán de una estupenda reserva de humedad constante en torno a sus tallos y hojas, lo que favorecerá considerablemente el desarrollo.

TERRAZAS ACRISTALADAS

Un modo muy sencillo de disponer de un pequeño invernadero, incluso en los apartamentos de dimensiones más reducidas, es a partir de la terraza que comunica cualquiera de las estancias de la vivienda con el exterior. Cerrando este espacio mediante una cristalera, además de ampliar el salón o la propia cocina, se crea un ambiente idóneo para el cultivo de plantas ornamentales. Las especies vegetales tienen acceso a toda la luz y el sol que habitualmente necesitan, beneficiándose de una eficaz medida de protección contra el viento y las bajas temperaturas invernales.

Así, muchas de las plantas que durante el verano brindan los bellos colores de sus pétalos pueden mantenerse en perfecto estado a la espera de una nueva temporada. Los casos más típicos son los protagonizados por los geranios (*Pelargonium* sp.), los jazmines (*Jasminum* sp.), las cicas (*Cyca revoluta*), los pendientes de la reina (*Fucsia* sp.) o las gardenias (*Gardenia* sp.). Todas ellas compartirán, sin ningún tipo de problema, el espacio con las plantas de interior más delicadas, que por el contrario florecen en las estaciones desfavorables del año, como sucede con la flor de Pascua (*Euphorbia pulcherrima*), el cactus de Pascua (*Zygocactus truncatus*), las azaleas (*Rhododendron simsii*) o algunas especies de orquídeas y bromelias.

En la mayoría de los casos será posible realizar diferencias entre varias zonas dentro de una misma terraza, dependiendo de cómo queden repartidas las horas de sol o sombra. Esto es muy importante para plantas tan delicadas como las azaleas (*Rhododendron simsii*) o las gardenias (*Gardenia* sp.), que son incapaces de soportar directamente los rayos solares.

En ambientes cálidos, las especies de origen tropical muestran sus insólitas y originales flores.

La presencia del sol propicia que especies como la gazania abran sus flores, mostrando sus bellos pétalos.

Balcones con encanto

En el entorno de la casa existen espacios reducidos de los que puede sacarse mucho partido. Los más destacados son los balcones, construcciones que comunican directamente las estancias del interior con el ambiente externo que envuelve el hogar, que permiten disfrutar con plenitud de los días soleados, sobre todo en aquellos que están orientados al sur y donde los rayos solares favorecen la apertura de los pétalos en las flores.

La entrada de la primavera trae consigo una brisa de vida y belleza a los aledaños del hogar. Las plantas perennes comienzan a producir nuevos brotes, y los ejemplares que permanecieron protegidos en el interior de un invernadero salen a la calle para ofrecer sus pétalos multicolores. Los balcones, en este sentido, son las zonas de la casa que resultan más favorecidas.

Los balcones que miran al sur adquieren todo su esplendor cuando se llenan en su margen externo de jardineras repletas con las flores de las gitanillas (*Pelargonium peltatum*), alternándolas con alguna maceta en que se desarrollen petunias (*Petunia* sp.) y calceolarias (*Calceolaria* sp.), que contrasten en color. En el suelo del interior del balcón, aprovechando la protección al sol directo que proporcionan las plantas citadas con anterioridad, las cintas (*Chlorophytum comosus*), los pendientes de la reina (*Fucsia* sp.) y los altramuces (*Lupinus* sp.), o composiciones con plantas bulbosas tan llamativas como las peonías (*Paeonia* sp.), las dalias (*Dhalia* sp.) o los jacintos (*Hyacinthus* sp.), representan elecciones a tener en cuenta para potenciar este espacio.

En los balcones que miran al norte, cuya orientación impide la llegada de los rayos solares, si se desea disfrutar de la belleza y el colorido de las flores más vistosas, conviene recurrir a especies que se adapten perfectamente a este tipo de situaciones, así como acondicionar los recipientes de cultivo para que el exceso de agua no perjudique

Las formas y las tonalidades de las flores resultan tan variadas como espectaculares.

a los ejemplares plantados en su interior.

La falta de sol directo favorece la existencia de ambientes más húmedos y frescos, motivo por el que sólo pueden ubicarse plantas adaptadas a tales condiciones, destacando arbustos y plantas perennes tan llamativos como la aralia del Japón (*Fatsia japonica*), la peonía (*Peonia* sp.), la azalea (*Rhododendron simsii*), la camelia (*Camelia japonica*) o la hortensia (*Hydrangea* sp.). Todas necesitan suelos ácidos, como puede ser la tierra de castaño o la de brezo, y conviene no regarlos con agua calcárea, pues la planta se resiente y la floración pierde intensidad y colorido.

En cuanto a las especies de temporada, cabe mencionar la begonia (*Begonia* sp.) y la alegría (*Impatiens* sp.), ambas caracterizadas por hojas y tallos ligeramente carnosos, muy sensibles a los rayos directos del sol y la falta de agua.

Estos dos grupos pueden convivir en la misma superficie de cultivo cuando se emplean jardineras y macetas amplias, obteniendo llamativas alternancias de color, aunque si el espacio es reducido, resulta preferible situar las de mayor porte en recipientes estrechos pero profundos, colocadas en las esquinas o los laterales del balcón, mientras que las plantas de temporada pueden ubicarse en jardineras con poco fondo y muy alargadas, bordeando toda la barandilla e instaladas sobre portamacetas que den al exterior.

Aquellas personas que disfrutan en ambientes repletos de tallos y hojas, donde la frondosidad y la abundancia de vida destacan por encima

Con un poco de imaginación, la superficie que abarcan los balcones se convierte en un original espacio.

del resto de características, tienen la posibilidad de recurrir al cultivo de hiedra holandesa (*Parthenocissus tricuspidata*) o hiedra vid (*Parthenocissus quinquefolia*), si desea este tipo de vegetación sólo en la época favorable del año, o bien de cualquier variedad de hiedra (*Hedera* sp.) cuando prefiera una densa formación de hojas permanente.

LAS DIFERENTES ÉPOCAS DEL AÑO

Cada estación ofrece sus propias ventajas e inconvenientes para al cultivo de plantas ornamentales. Como norma general, el viento o el frío provocan situaciones que perjudican el despunte de nuevos brotes e incluso la destrucción de los ya existentes, mientras que la lluvia y el calor favorecen la floración y el desarrollo de las hojas y los tallos. Sin embargo, existen plantas perennes adaptadas a todos los condicionantes climáticos, propiciando que el cultivador tenga la oportunidad de poder elegir diferentes opciones a fin de mantener el exterior de su casa cu-

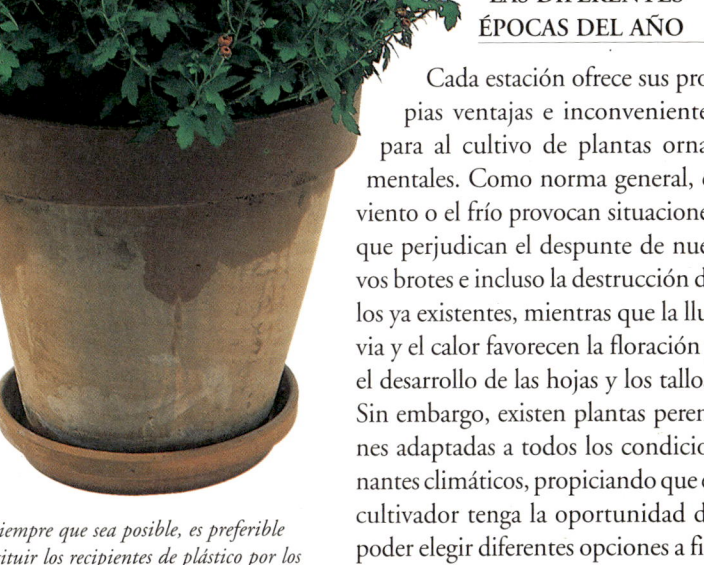

Siempre que sea posible, es preferible sustituir los recipientes de plástico por los elaborados en material cerámico.

Disponiendo de semilleros de elaboración propia, se asegura la producción de flores durante todo el año.

bierto de plantas de llamativa floración todo el año.

Para la primavera, las violas (*Viola* sp.), las dragonarias (*Antirrhinum* sp.), los altramuces (*Lupinus* sp.) y determinadas bulbosas, como los tulipanes (*Tulipa* sp.), los lirios (*Iris* sp.) o los nazarenos (*Muscari* sp.), son los más indicados.

En el verano, la posición de las anteriores puede sustituirse por petunias (*Petunia* sp.), salvias (*Salvia* sp.), pensamientos (*Viola tricolor*), alegrías (*Impatiens* sp.), y bulbosas tan llamativas como las azucenas (*Lilium* sp.), los gladiolos (*Gladiolus* sp.) o las dalias (*Dhalia* sp.).

Cuando entra la época desfavorable, las primaveras (*Primula* sp.), las brásicas (*Brassica* sp.) o bulbosas como los azafranes ornamentales (*Crocus* sp.), los acónitos de invierno (*Eranthis* sp.) o las campanillas de invierno (*Galanthus* sp.), tomarán el relevo con su floración. En cualquier circunstancia, los balcones que dis-

Cualquier variedad de pensamiento es apta para mantener floridas las balconadas todo el año.

frutan de una posición de resguardo y protección proporcionada por la fachada respecto a una orientación norte, son los que ofrecen mayores posibilidades para lograr unos ejemplares floridos llenos de belleza. Cuando se presenta el caso contrario, resulta imprescindible recurrir a mecanismos de protección adicionales, como puede ser instalar un parapeto de celosía sobre el que se desarrollen tallos de hiedra (*Hedera* sp.), lo que permite reducir el efecto negativo del viento, así como construir una cornisa para cubrir la superficie del balcón, ideal para amortiguar las bajas temperaturas invernales, que al propio tiempo puede convertirse en un elemento decorativo.

BARANDILLAS Y BALAUSTRADAS

Los balcones pueden estar construidos de muy diversas formas, presentando superficies rectangulares o

· La gitanilla resulta ideal para llenar de vida el exterior de los enrejados y barandillas.

Los ambientes rurales adquieren una vistosa y pintoresca estampa cuando las viviendas engalanan sus balcones con las flores de temporada.

de contorno curvo, limitados por un muro decorativo o provistos de una reja que los aísle, aunque los diseños más habituales son aquellos en que existe una barandilla de hierro forjado o una balaustrada de piedra.

En cualquier caso, siempre que se cuente con la presencia de elementos pertenecientes a la propia estructura de la fachada que ofrezcan superficies de apoyo, aporten protección contra los agentes climáticos o marquen una directriz estética, deben aprovecharse, seleccionando los ejemplares según cada circunstancia, de modo que los realcen.

Las rejas, aparte de la originalidad o la belleza de los barrotes que las conforman, pueden utilizarse para incrementar la superficie de cultivo, ya sea hacia el interior del balcón, cuando existe suficiente espacio, o de cara al exterior.

Por fortuna, hay elementos de soporte diseñados para aguantar el peso de todo tipo de jardineras y macetas, con independencia de la posición que vayan a ocupar y la altura a que se instalen. En ellas, los tallos trepadores de los jazmines (*Jasminum* sp.) o la hiedra (*Hedera* sp.) proporcionarán una agradable estampa, aunque si sólo se pretende disfrutar de la floración de las plantas de temporada, los ejemplares de vivos colores formarán conjuntos repletos de vida, sobre todo si se cuenta con especies tales como la petunia (*Petunia* sp.), el pensamiento (*Viola tricolor*), la alegría (*Impatiens* sp.) o la gazania (*Gazania* sp.).

Las balaustradas son más apropiadas para decorar sin este tipo de soportes, colocando las jardineras directamente sobre los pilares o el pasamanos cuando su anchura ofrezca suficientes garantías de estabilidad, situando en el suelo y pegados a su base recipientes no demasiado anchos y, con preferencia, de diseño rectangular o cuadrado, para que se ajusten en la medida de lo posible al contorno rectilíneo que las caracteriza.

El aspecto elegante y estilizado de tales estructuras resulta apropiado para ubicar especies de porte y perfiles muy definidos, como serían los margariteros (*Anthemis* sp.), los juniperos (*Juniperus* sp.) y sus variedades enanas, las celosías (*Celosia* sp.), las salvias (*Salvia* sp.) o los rosales enanos (*Rosa* sp.).

El hierro forjado es un material que proporciona especial encanto a cualquier tipo de balcón.

Los patios

ÉSTE ES EL LUGAR DESEADO POR MUCHOS DURANTE LAS ESTACIONES MÁS SOLEADAS DEL AÑO. EN TAN SINGULAR ESPACIO, ES FÁCIL ABSTRAERSE DURANTE UNAS HORAS ENTRE LA ABUNDANCIA DE VIDA Y FRESCOR QUE TRANSMITEN LAS PLANTAS ORNAMENTALES, ESPECIALMENTE CUANDO SE DISTRIBUYE UN APORTE ADICIONAL DE AGUA PULVERIZADA SOBRE LOS FRONDOSOS TALLOS Y HOJAS, LOGRANDO QUE EL AMBIENTE ADQUIERA EL CARACTERÍSTICO AROMA A HUMEDAD.

Este tipo de zonas externas pero íntimamente ligadas al propio hogar, son muy habituales en regiones donde el clima resulta cálido y el régimen de lluvias es escaso. En ellos se crea un ambiente muy especial, en el que el frío ni el calor alcanzan cotas perjudiciales para las especies vegetales.

La presencia de los muros de la casa, rodeando y delimitando su superficie, la protección que confieren las cornisas del tejado y otros elementos arquitectónicos, como arcos y vigas de contención entre las paredes, ofrecen la oportunidad de escoger diferentes posiciones y orientaciones para cada ejemplar y estilo decorativo.

En el interior de los patios existen zonas que resultan más cálidas y otras más frescas, dependiendo de la orientación que tengan, y hasta algún punto al que seguro llegan los rayos solares. También puede haber superficies con cambios de nivel, pasajes que comunican con la calle, pozos y fuentes repletos de agua, al igual que contar con la presencia de rejas en las ventanas de las fachadas. Con esta surtida variedad de recovecos y posibilidades de cultivo diferentes, no hay ninguna dificultad para lograr un auténtico vergel, propiciando la creación de ambientes especialmente placenteros para el descanso.

FUENTES Y POZOS

En el centro del patio o en posiciones destacadas del mismo, la existencia de una pequeña fuente o un llamativo pozo confiere un toque natural de singular belleza, máxime cuando alrededor de ellos van distribuidas algunas plantas acuáticas o que agradecen la proximidad del agua durante su desarrollo.

Por criterios de semejanza, cuando el patio ofrece suficiente espacio, también es factible recurrir a la instalación de un pequeño estanque en forma circular o, por qué no, crear varias alturas de contorno sinuoso a través de las cuales pueda fluir el agua,

Las azaleas encuentran un lugar idóneo para ofrecer sus flores en la sombra existente en el interior de los patios.

formando una pequeña cascada. A tal finalidad, existen en el mercado estructuras prefabricadas que se amoldan a cualquier superficie por pequeña o irregular que sea, aunque construir una propia a partir de piedras de granito con musgo o pizarra y pasta de cemento, confeccionando un fondo a modo de mosaico elaborado con pequeñas piezas de cerámica, supone también una idea espléndida.

Para cubrir la superficie del agua, algunos ejemplares de lechuga de agua (*Pistia stratiotes*), nenúfar (*Nimphaea* sp.) o helecho acuático (*Azolla caroliniana*) ofrecen una estampa armónica, mientras que en los márgenes de fuentes y estanques, en especial cuando hay un continuo chapoteo de agua en pequeñas cascadas y el nivel llega a inundarlo, el culantrillo de pozo (*Asplenium tricomanes*), la alocasia (*Alocasia* sp.), la cala (*Zantedeschia aetiopica*) o las diminutas matitas de parietaria (*Parietaria* sp.) adquieren especial encanto.

En la mayoría de las ocasiones, un antiguo pozo suele disfrutar de buen aspecto gracias al diseño y los materiales que han sido empleados en su construcción, pero puede darse el caso de que los desperfectos provocados por el paso del tiempo sobre los ladrillos, o bien la necesidad de renovar su apariencia, inviten a realizar una modificación total del mismo. Entonces, chapar todo el contorno con piedra de musgo, instalar un arco de forja y distribuir algunas macetas a su alrededor representa una alternativa muy a tener en cuenta.

Las especies vegetales que mejor se adaptan a la silueta de este tipo de construcciones son las aspidistras (*Aspidistra* sp.), las cicas (*Cyca revoluta*), los helechos espada (*Nephrolepis* sp.), los espatifilos (*Spathiphyllum* sp.) o las hostas (*Hosta* sp.), cultivadas siempre en macetas de material cerámico, independientemente del estilo y el color que tengan.

Cualquier especie perteneciente al grupo de las margaritas puede proporcionar vida y color al interior del patio.

LA DISTRIBUCIÓN EN ALTURA

En este tipo de superficies, donde la mayor parte del espacio disponible se encuentra situado verticalmente, son las plantas de porte sarmentoso y tallos que crecen descendiendo por su propio peso a las que mayor partido puede sacarse.

Para apreciar toda la hermosura de las flores de los pendientes de la reina (*Fucsia* sp.), hay que observarlas desde una posición debajo de la propia maceta. A una altura no demasiado elevada, los penachos de las cintas (*Chlorophytum comosus*), el helecho espada (*Nephrolepis* sp.) o cualquier especie de bromelia adquieren mayor relevancia, e incluso los tallos colgantes de las columneas (*Columnea* sp.), el amor de hombre (*Tradescantia fluminensis*), la hiedra (*Hedera*

Después de realizar un abundante riego, las plantas distribuidas en los patios adquieren todo su esplendor.

Sin lugar a dudas, estos espacios del entorno del hogar son ideales para disfrutar de un sosegado descanso.

pientes convencionales o bien emplear portamacetas múltiples con superficies de soporte a una o varias alturas, elaborados con materiales metálicos, algodón, esparto trenzado e incluso delicadas cadenas de pequeños y numerosos eslabones.

Escogiendo la segunda posibilidad, las estructuras que atraviesen el patio de un lado a otro propiciarán la creación de verdaderas cascadas de tallos, hojas y flores, sirviendo de guías para que trepadoras como la parra (*Vitis vinifera*), la buganvilla (*Bougainvillea* sp.) o la hiedra vid (*Parthenocissus quinquefolia*) formen cordones en continuo crecimiento.

sp.), la saxifraga (*Saxifraga sarmentosa*) o el aporocactus (*Aporocactus flagelliformis*), se ven favorecidos y al tiempo mejoran el aspecto del patio, rompiendo las líneas marcadas por la construcción para crear un ambiente más vivo y habitable.

A fin de que estas plantas queden suspendidas en el aire, es imprescindible disponer de diferentes elementos de sujeción, ya estén próximos a las fachadas mediante soportes que proporcionen un brazo perpendicular de los anclajes de la pared, o por medio de viguetas de madera o un cableado con alambres de acero para ocupar posiciones más cercanas al centro del patio.

La primera alternativa es más indicada cuando no existe demasiada amplitud y se pretende no cargar demasiado el espacio disponible. Entonces, las macetas provistas de un gancho han de sustituir a los reci-

Las sobremesas son especialmente gratas durante el verano cuando se disfrutan en un apacible patio.

ZONAS DE ACCESO Y CORREDORES TECHADOS

Es habitual que los patios estén comunicados con la calle o la propia vivienda por medio de corredores en contacto directo con el exterior y que cuenten además con la protección que confiere la techumbre del propio edificio. Dicha protección les proporciona unas peculiaridades a tener en cuenta.

En estos espacios tan acogedores de la vivienda, donde la disponibilidad de luz no es demasiada y las oscilaciones térmicas son escasas, se pueden mantener un buen número de especies vegetales de frondosas y verdes hojas en todo su esplendor. Entre las más llamativas están las cicas (*Cyca revoluta*), las diversas variedades de ficus (*Ficus* sp.), palmeras de la elegancia de las kentias (*Kentia* sp.) y las arecas (*Areca* sp.), así como plantas de tamaño más reducido, como es el caso de las aspidistras (*Aspidistra* sp.) o las araucarias (*Araucaria excelsa*), cultivadas en maceta, a las que se le añaden aquellas que florecen en este tipo de ambientes, destacando las violetas africanas (*Saintpaulia* sp.), los ciclámenes (*Cyclamen* sp.) o las begonias (*Begonia* sp.).

Las posibilidades decorativas de estos espacios son inagotables, dependiendo del estilo que se pretenda mantener.

PLANTAS PARA RINCONES Y RECOVECOS

Las zonas del patio que no ofrecen ningún impedimento para transitar conviene ocuparlas con ejemplares de gran tamaño y envergadura, en especial aquellos que presentan hojas afiladas, como es el caso de la yuca (*Yucca* sp.), o que disponen de copas amplias, como por ejemplo los madroños (*Arbutus unedo*) o los naranjos (*Citrus aurantium*). Si no hay posibilidad de contar con este tipo de ejemplares, la mejor elección consiste en construir pedestales escalonados mediante la reunión de varios bloques de piedra o traviesas de vía de tren cortadas en pequeños tramos, a fin de lograr que las plantas de mediano tamaño logren elevar su posición respecto al suelo. En tal caso, los peldaños más elevados quedarán siempre pegados a la pared, descendiendo en altura a medida que se vayan aproximando hacia el interior del patio.

Este tipo de composiciones requieren emplear ejemplares frondosos en los escalones inferiores con objeto de ocultar los materiales utilizados en su construcción cuando no son suficientemente llamativos desde el punto de vista estético.

Si existe la posibilidad, es recomendable ubicar una pequeña fuente para conferir frescor al ambiente.

Las azoteas y los áticos

PODER DIVISAR EL HORIZONTE CON EL CIELO COMO ÚNICO LÍMITE, RODEADO POR UN ENTORNO REPLETO DE BELLAS FORMAS Y COLORES PERTENECIENTES A LAS ESPECIES VEGETALES MÁS ORIGINALES, RESULTA TODO UN PRIVILEGIO AL ALCANCE DE AQUELLAS PERSONAS QUE HAN DECIDIDO UBICAR SU VIVIENDA EN LA ÚLTIMA PLANTA DE UN EDIFICIO. EL DISFRUTE ES PLENO SI ADEMÁS SE ESCOGE ADECUADAMENTE CADA EJEMPLAR, DEPENDIENDO SIEMPRE DE LAS CONDICIONES CLIMÁTICAS DEL EXTERIOR.

Vivir en un enclave con un paisaje natural lleno de vida y hermosura, o poder contemplar a lo lejos el oleaje del mar o una cadena montañosa nevada durante los meses de invierno, aún residiendo en una gran ciudad, es un modo de escapar de la monotonía y del entorno habitual para desplazarse con la imaginación hasta estos lugares privilegiados. En tales casos, resulta de gran ayuda contar con un buen surtido de ejemplares vegetales que rodeen la zona de descanso, intentando evocar los jardines costeros siempre repletos de flores, para lo cual es aconsejable cultivar buganvillas (*Bougainvillea* sp.), jazmines (*Jasminum* sp.), adelfas (*Nerium oleander*), geranios (*Pelargonium* sp.) y diferentes ejemplares de plantas crasas, o bien emular los enclaves montañosos con sus frondosos árboles, donde destacan el amplio abanico de opciones que ofrecen coníferas como los juniperos (*Juniperus* sp.) o las tujas (*Thuya* sp.), los madroños (*Arbutus unedo*) y los laureles (*Laurus nobilis*), al igual que los arbustos de tamaño medio o las propias plantas de temporada y las bulbosas, figurando las violetas (*Viola* sp.), los lirios (*Iris* sp.) o los jacintos (*Hyacinthus* sp.), entre otros.

PROTECCIÓN CONTRA EL VIENTO

En estas zonas tan apropiadas para el cultivo de plantas de exterior, además de los principales parámetros climatológicos a tener

En exposiciones prolongadas de sol, conviene crear zonas de semisombra con toldos para proteger a las plantas que lo precisen.

Debido a la considerable exposición a que están sometidas las especies vegetales, es conveniente emplear recipientes de cierto grosor.

en cuenta, el condicionante más determinante es, sin duda, el viento.

En lugares donde azote con fuerza, resultará poco aconsejable emplear ejemplares que se desarrollen en altura, máxime si además tienen formaciones en copa que ofrezcan mayor resistencia a su empuje. Los setos, que en ocasiones son imprescindibles, requieren cultivarlos en recipientes de base ancha, elaborados en materiales pesados como la arcilla cocida o el granito sintético, empleando si es preciso soportes metálicos anclados directamente a la pared o al suelo en los que encajen este tipo de macetas y jardineras.

Otra solución a este eventual problema es instalar muros acristalados en los márgenes laterales que permitan la llegada de los rayos solares pero que frenen la acción del viento de modo eficaz. Para disimular en cierto modo su presencia y añadir un detalle ornamental, estas estructuras se pueden acompañar con unos originales módulos de celosía por los que puedan trepar las enredaderas.

Las fachadas que confieren un mínimo de protección deben aprovecharse para resguardar los ejemplares que así lo requieran.

RESGUARDADOS DEL SOL

Uno de los mayores impedimentos que ofrecen los áticos y las azoteas para mantener un cultivo continuo de especies vegetales frondosas y llenas de vida es la presencia ininterrumpida del sol en ambientes en que la escasez de lluvia y las bajas temperaturas invernales son habituales. Esta situación desfavorable se ve incrementada cuando el cepellón de raíces de los diferentes ejemplares descansa en recipientes de dimensiones limitadas.

En tales condiciones, resulta necesario encontrar un sistema que posibilite la creación de sombra, al menos parcial, en algún lugar de la superficie de cultivo disponible. Para llevarlo a cabo, es posible establecer tres zonas bien diferenciadas, una de

Las especies de trepadora, caracterizadas por su llamativa floración, contribuyen a mejorar el aspecto de los áticos.

sol, otra de semisombra y una protegida continuamente de los rayos directos, seleccionando las plantas más adecuadas para cada caso, ya sean perennes, vivaces o de temporada.

En el mercado existe un surtido abanico de opciones, como pérgolas ornamentales, arcos para crear bóvedas, o bien soportes sobre los que instalar un entramado de cables o varillas, a modo de tutores horizontales, para los diferentes tipos de enredaderas.

En caso de contar con una prolongación del tejado en forma de cornisa, conviene aprovecharla como soporte para crear una estructura firme y resistente, ya sea con columnas y vigas de madera tratadas para soportar el efecto de la intemperie, o confeccionada con material metálico. En este soporte, que debe acondicionarse de modo que resulte decorativo, anclado con firmeza al suelo y a la propia cornisa o fachada, se puede instalar una techumbre con cañizo, brezo o malla de material plástico que impida la llegada de los rayos solares a las plantas de manera directa, o bien permitir que los tallos de una glicinia (*Wisteria* sp.), un rosal trepador (*Rosa* sp.) o una parra (*Vitis vinifera*) desempeñen la misma función durante parte de la primavera y el estío.

Esta forma de solucionar el problema de la insolación puede ser necesaria durante todo el año, de modo que actúe como protección contra las bajas temperaturas invernales o, simplemente, como remedio eventual en los meses más calurosos del año, siendo conveniente en este caso que el material utilizado para techar la estructura disponga de un mecanismo de desinstalación rápido y cómodo.

Otro modo de paliar el efecto de la fuerte insolación, que en ocasiones provoca el marchitamiento y la deshidratación de cierto tipo de especies, es mantener un ambiente húmedo alrededor de cada ejemplar, lo que se puede lograr pulverizando agua con la manguera al caer la tarde y en las horas previas al inicio del mediodía.

En esta línea, siempre que haya ejemplares arbustivos de cierta envergadura, es aconsejable aprovechar la sombra que produce su copa para cobijar otros más delicados y vulnerables.

LAS PLANTAS PERENNES Y LA CLIMATOLOGÍA

El clima actúa como condicionante para el desarrollo de las especies ornamentales en cualquier espacio del exterior de la casa destinado a su cultivo, aunque es en los áticos y las azoteas donde resulta más determinante, debido principalmente a la inexistencia de elementos de protección habituales en fachadas, balcones o patios.

Algunas de las recomendaciones más apropiadas para las regiones situadas en las climatologías más cálidas y secas son las especies pertenecientes al grupo de los cactus y las plantas crasas, como por ejemplo la chumbera (*Opuntia* sp.), la corona de Cristo (*Euphorbia milii*), la crásula (*Crasula arborescens*), el kalancoe (*Kalanchoe* sp.) y la echeverria (*Echeveria* sp.).

Cuando el ambiente es cálido pero húmedo, existen numerosas especies de origen tropical que logran alcanzar todo su esplendor durante los períodos de floración, como sucede con la lantana (*Lantana* sp.), el ave del paraíso (*Strelitzia* sp.) o la gardenia (*Gardenia* sp.).

En ambientes templados conviene emplear plantas resistentes de la talla del romero (*Rosmarinus officinalis*), la

Las flores más delicadas pueden obtenerse en un reducido invernadero improvisado en algún rincón de la azotea.

Algunas variedades de rosales, capaces de soportar de buen grado el sol directo, resultan idóneas para decorar estos espacios.

adelfa (*Nerium oleander*), el lilo (*Syringa vulgaris*), el brezo (*Erica* sp.) o cualquier variedad de rosal (*Rosa* sp.).

Otra posibilidad que puede darse en determinadas circunstancias, es encontrarse en una región de condiciones atmosféricas en que los inviernos son demasiado rigurosos y existen amplias variaciones estacionales de temperatura y disponibilidad de agua. Ante semejante situación, es preciso recurrir a ejemplares tan resistentes como el enebro (*Juniperus* sp.), la camelia (*Camelia* sp.), el rododendro (*Rhododendron* sp.), la picea (*Picea* sp.), la santolina (*Santolina* sp.) o el hamamelis (*Hamamelis mollis*), procurando, en todos los casos, que la disponibilidad de luz y sombra resulte la apropiada para cada especie. La presencia de un toldo o el alero del tejado, bajo los que distribuir las plantas más delicadas y susceptibles al frío o al sol, es la solución más indicada y sencilla de poner en práctica.

Determinadas especies de árboles, como el pruno, se desarrollan perfectamente en azotea, regulando su talla de manera periódica mediante podas.

Escaleras y zonas con desnivel

La gran ventaja que ofrecen las zonas del exterior que disponen de superficies distribuidas a diferentes niveles, es proporcionar la posibilidad de disfrutar de la belleza de numerosos ejemplares, sin cambiar de perspectiva, así como mantener ocultas las macetas por los tallos, las hojas y las flores de las plantas ubicadas en el nivel inferior.

Son muchas y muy variadas las posiciones que pueden ocupar las plantas ornamentales en los aledaños del hogar, aunque cabe destacar aquellas que contribuyen a mejorar su presencia, confiriendo a cada una de ellas el protagonismo que se merece.

La superficie de apoyo existente en los peldaños de una escalera, siempre y cuando quede espacio suficiente para dejar paso, así como la diferente altura que separa el jardín de una terraza ubicada en él, o la presencia de un pequeño muro de construcción creado para dar forma a un arriate, delimitar un paseo o definir y separar distintas zonas en un patio o el propio jardín, suponen inmejorables oportunidades para el cultivo en macetas y jardineras.

Cuando la escalera tiene una longitud considerable y se pretende poner un ejemplar en cada peldaño, es preferible seleccionar plantas se-

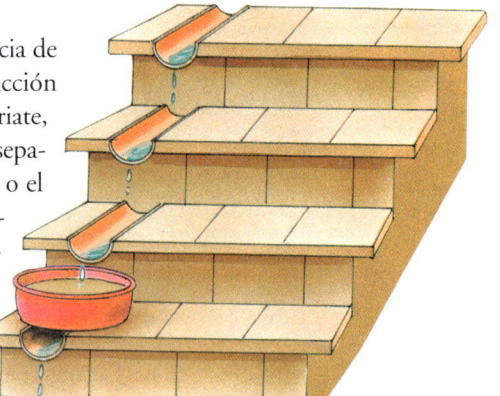

En el momento de diseñar una escalera se puede tener en cuenta el tipo de recipientes y ejemplares que van a utilizarse en su decoración, aprovechando los desniveles para recoger y reutilizar el agua del drenaje.

mejantes con el fin de poder utilizar macetas de las mismas características, tanto en diseño como en capacidad, creando una composición homogénea y uniforme dentro de la variedad de formas y colores de las especies cultivadas. Para evitar que el suelo se llene de agua cuando se hace uso del sistema de riego, conviene situar las macetas en un decorativo plato o bandeja de drenaje, que en este caso sí es preferible que presenten formas y dibujos variados. Si la escalera aún no se ha construido, existe la opción de aplicar un método de recogida y aprovechamiento de agua, por medio de la instalación de tejas curvas inmersas en los propios peldaños en uno o los dos laterales de la misma. De esta forma, el agua sobrante de la maceta situada

La mejor solución decorativa para conferir belleza a las zonas con desnivel es poner parterres escalonados.

Las flores trepadoras como la buganvilla pueden dirigirse para alcanzar los márgenes de la escalera.

en la parte superior, caerá en la próxima colocada en el peldaño más bajo, lográndose la circulación de una planta a otra sin derramar ni una gota.

El diseño de las macetas y los materiales en que están confeccionadas ha de escogerse en función de la superficie de apoyo para que vayan acordes a ella o bien creen contrastes originales, especialmente cuando se trata de muretes elaborados en piedra o que están encalados, ofreciendo un inmaculado reflejo.

Debido a los accidentes del terreno, en algunas ocasiones los muros que delimitan el jardín ofrecen escalones sobre los que ubicar grandes jardineras, en las que la presencia de ejemplares que se desarrollan a partir de tallos sarmentosos, que ofrecen un bello despliegue de hojas y flores colgantes, supone una inmejorable elección, como sucede con las gitanillas (*Pelargonium* sp.), para climas benignos, la uña de gato (*Sedum* sp.) o el carpobrotus (*Carpobrotus* sp.), indicados en zonas algo más severas, o la santolina (*Santolina* sp.) y el cotoneaster (*Cotoneaster* sp.), recomendables en regiones de marcada estacionalidad. Todo ello sin descartar la posibilidad de buscar una alternancia de formas y tonalidades, combinando plantas en la misma jardinera, como por ejemplo pequeños arbustos del estilo del bonetero (*Evonimus* sp.), la tuja (*Thuya* sp.) o la picea enana (*Picea* sp.).

Si la zona elevada se encuentra protegida por el alero del tejado, sobre todo en el porche de entrada o los límites de una terraza, dicha posición resulta ideal para sacar las plantas de interior más robustas, como la clivia (*Clivia* sp.), la suegra y la nuera (*Hippeastrum* sp.), el espatifilo (*Spathiphyllum wallisii*) o la gardenia (*Gardenia* sp.), alternándolas con las macetas provistas de ejemplares de exterior, aunque en este caso es aconsejable revisar a menudo las hojas y los tallos con objeto de evitar la posible transmisión de organismos tan habituales como los pulgones, las cochinillas y la mosca blanca.

Del mismo modo, también otras plantas de interior pueden disfrutar del ambiente y el frescor del exterior cuando los chaparrones veraniegos hagan acto de presencia, como son las diversas especies de palmera, las marantas (*Marantha* sp.), las kentias (*Kentia* sp.) o las monsteras (*Monstera deliciosa*), ya que agradecen considerablemente el agua de la lluvia.

Los tallos de la gitanilla distribuidos entre los barrotes de una barandilla adquieren especial encanto.

Las plantas y el mobiliario

La combinación y el juego que ofrecen las piezas de mobiliario de exterior para distribuir y utilizar plantas ornamentales en la decoración de terrazas, patios y áticos, es fundamental cuando se pretende situar ejemplares de singular belleza en lugares próximos a las zonas de reunión y charla, en compañía del frescor del ambiente ajardinado.

Cualquier elemento que forme parte del mobiliario ubicado en el exterior y posea una superficie apta para soportar centros sobre cestos de mimbre, macetas decorativas, e incluso jardineras especialmente diseñadas para conferir un detalle ornamental, debe aprovecharse para intentar resaltar el porte de las plantas.

Como recomendaciones básicas, es necesario señalar que en el cultivo de plantas y en las zonas externas desprotegidas de las inclemencias, el agua es un elemento que deteriora considerablemente algunos materiales expuestos a ella. Al igual que la luz del sol, contribuye a decolorar la tonalidad natural de los mismos, así como el color de las pinturas que en ocasiones se aplican para su decoración.

A fin de evitar este tipo de inconvenientes, en especial cuando los complementos están fabricados en madera o metal, resulta preciso llevar a cabo una serie de labores de acondicionamiento esenciales.

En las piezas de madera, además de ser recomendable adquirir aquellas que por su dureza y cualidades son mucho más resistentes a tales efectos, como sucede con la madera de teka, el cedro o el roble, conviene tratarlas adecuadamente para que su deterioro, aunque resulta casi imposible evitarlo, quede retrasado el mayor tiempo posible. Este material, que procede de un ser vivo y por tanto está

En las zonas ajardinadas pueden crearse ambientes de descanso ideales para la relajación.

expuesto a una mayor alteración por parte de los agentes externos ambientales, no sólo se ve perjudicado por el agua, sino que también influyen sobre él la alternancia brusca y extrema de la temperatura, ya sea entre el día y la noche o entre estaciones, al igual que ocurre con los períodos de sequía y los de exceso de humedad.

Tales situaciones es posible solventarlas gracias al empleo de cierto tipo de productos que actúan como elementos eficaces de protección. La aplicación de varias manos de aceite de linaza para exteriores sobre la madera al natural evitará que se seque en exceso, manteniéndola nutrida y cerrando perfectamente la porosidad que caracteriza a este material. Sobre este producto conviene distribuir varias capas de barniz para exteriores, ya sea transparente o contenga agentes amortiguadores del efecto de los rayos solares.

En otras ocasiones, el acabado lo proporcionan las pinturas recomendadas para exteriores cuando se desea cubrir el aspecto original de la madera y se pretende obtener un matiz de tonalidad diferente para que el mobiliario adquiera mayor relevancia.

En cuanto a las piezas confeccionadas en metal, las de hierro son las que precisan mayor protección, pues mientras que las de cobre o bronce al oxidarse adquieren mayor belleza, el hierro desprende gran cantidad de óxido, ensuciando cualquier zona que se encuentre en su proximidad. El mejor sistema para evitar tales circunstancias es recurrir a pinturas y protectores especiales que preserven la superficie metálica de los agentes atmosféricos externos, como puede ser el minio, los imprimadores y las pinturas que proporcionan un acabado semejante al del hierro forjado, actuando al tiempo como preservantes. Antes de distribuir cualquiera de estos productos, hay que asegurarse siempre de que no quede ningún resto de óxido, pintura de

Los aperos de labranza, tras una adecuada restauración, se convierten en originales elementos ornamentales.

Para los centros de mesa es imprescindible seleccionar de modo adecuado tanto el recipiente como la planta a cultivar.

Los elementos decorativos fabricados en metal o madera deben ser tratados con periodicidad para preservarlos de los efectos de la intemperie.

anteriores aplicaciones o grasa y suciedad acumulada en la pieza a tratar, ya que pierden adherencia y no agarran de forma adecuada.

Uno de los elementos que no puede faltar en la terraza o el patio es una mesa con sus sillas, necesarias para disfrutar cuando llega el buen tiempo del agradable sol durante el día y el reconfortante frescor de la noche. Sobre la superficie de la mesa adquirirán protagonismo llamativas macetas decorativas que alberguen ejemplares de singular encanto, como por ejemplo los pendientes de la reina (*Fucsia* sp.), la cinta (*Chlorophytum comosum*), la clivia (*Clivia* sp.) o la cica (*Cycas revoluta*), aunque también supone un excelente lugar para crear bellas composiciones en recipientes de mayor tamaño, que perfectamente pueden ser de cristal, barro cocido o madera, albergados en cestos de mimbre o estéticos portamacetas. En ellos conviene agrupar varias especies con diferentes cualidades ornamentales, como cualquier ejemplar de drácena (*Dracaena* sp.), debido a sus gráciles y originales penachos de hojas, bromelias, seleccionadas por la combinación de tonalidades verdes y rojas que poseen, fitonias (*Fittonia* sp.), especialmente indicadas para cubrir la superficie de cultivo, ciclámenes (*Cyclamen* sp.), a fin de proporcionar color y armonía al conjunto con sus singulares flores, cordilines (*Cordiline* sp.), con las llamativas tonalidades de hoja que les caracteriza, o ficus trepadores (*Ficus repens*), cuando se desee completar la composición con tallos colgantes descendiendo a partir de los márgenes del recipiente de cultivo.

En los casos en que se disponga de una mesa de cristal y presente una superficie de apoyo inferior, como un revistero, o si se emplean piezas decorativas, como sería el caso de una pequeña pila de piedra, una tinaja de base ancha, o dos o tres barriles de madera seccionados por la mitad sobre los que montar los soportes para apoyar el cristal, el efecto de observar las plantas a través del mismo resulta espléndido, sobre todo si se reproducen ambientes desérticos o turberas en miniatura.

En el primer caso, han de cultivarse sobre un lecho de grava volcánica o arena, y en el segundo utilizando turba y musgo picado, procurando introducir varios ejemplares de helecho con hojas y portes diferentes, como los helechos temblones (*Pteris* sp.) o los helechos nido de ave (*Asplenium nidus avis*).

Otros elementos adicionales empleados en la decoración de estos espacios tan relajantes del hogar, en especial cuando se encuentran protegidos por el alero o la cornisa del tejado, como ocurre en los porches y las terrazas de los edificios de varias plantas, son los muebles estantería y las repisas, confeccionados en madera y cristal, forja y mimbre, o cualquier otro tipo de combinación. Se trata de complementos muy útiles para el de-

Las fuentes ornamentales dan un aire de elegancia y distinción difícil de igualar.

sarrollo de la vida cotidiana durante los meses favorables del año, pues además de servir como superficies de apoyo para un sinfín de objetos de uso habitual, también ofrecen espacio suficiente para ubicar macetas con ejemplares de interior que agradecen disfrutar del aire libre durante el verano, como es el caso de los pendientes de la reina (*Fucsia* sp.), el kalancoe (*Kalanchoe* sp.), la crásula (*Crasula arborescens*) o cualquier especie de bromelia.

Cuando los estantes son demasiado estrechos, están muy próximos unos de otros en altura o no se desea que caiga agua sobre ellos al regar o pulverizar, conviene emplear composiciones de plantas creadas en el interior de urnas, peceras o terrarios de cristal, a los que se puede aportar agua con una regadera y no existe peligro de que rebose y manche la superficie de apoyo, especialmente si comparten estantes con libros y revistas.

Como opción habitual y práctica, hay que contar con los maceteros múltiples, que presentan varios brazos organizados en forma cónica o piramidal, girando en espiral o simulando los peldaños de una escalera. Pueden tener superficies de sujeción del mismo tamaño o alternar diámetros diferentes, e incluso disponer de zonas preparadas para ubicar jardineras rectangulares. En cualquier caso, conviene utilizar siempre recipientes que posean una bandeja de retención del agua que fluye por los agujeros de drenaje, a fin de evitar mojar el suelo tras llevar a cabo las labores de riego.

Una posibilidad que propicia un grato ambiente es combinar las bellas plantas ornamentales con velas aromáticas, que proporcionan un toque de intimidad en las veladas de cualquier noche de verano. Para instalarlas, los maceteros múltiples disponen de zonas y brazos decorativos que ejercen de elementos de unión, habitualmente delgados y cilíndricos, muy apropiados para colocar las velas. El modo de fijarlas sin peligro de que puedan caer es muy sencillo, pues no hay más que aprovechar los lugares de intersección, verter un poco de cera caliente y asentar cada pieza en posición vertical. En caso de querer aprovechar un tramo recto, hay que tomar un trozo de alambre de acero o cobre de cierto grosor, dar dos vueltas para que quede bien apretado, y dejar los dos extremos entrelazados con objeto de insertarlo en la base de la vela. Es recomendable impregnar el alambre con cera caliente, ya que las velas aromáticas normalmente están teñidas con colores intensos que contribuyen a ocultar el sencillo soporte empleado.

Dependiendo de la disponibilidad de espacio, los objetos decorativos pueden alcanzar tamaños como el de esta aventadora.

La combinación entre las plantas y el mobiliario de exterior puede ser tan estrecha como se desee.

Accesos y pasajes

La belleza de las plantas ornamentales queda incrementada cuando los complementos decorativos, que forman parte del entorno donde se desarrollan, han sido escogidos con acierto. Las zonas del exterior en donde es posible sacar mayor partido son los accesos y los pasajes, gracias a la enorme variedad de posibilidades que ofrecen los estilos de construcción.

La entrada al hogar es el lugar más transitado del entorno exterior y, en muchas oportunidades, el punto de referencia sobre el que se planifica la decoración del resto de la fachada y demás espacios destinados al cultivo de plantas ornamentales.

Para conseguir resultados originales y repletos de belleza, conviene esmerarse tanto en planificar la distribución de los ejemplares vegetales como en seleccionar y escoger los materiales de construcción, al igual que los accesorios de decoración más apropiados a cada ambiente.

ENTRADA AL JARDÍN

Cuando se disfruta de un jardín, la puerta de acceso al mismo puede convertirse en una llamativa forma de dar la bienvenida a las personas que vienen de visita. Los materiales con que están construidas suelen ser el hierro, la madera o una combinación entre ambos. El diseño y el estilo que poseen resulta muy variado, desde modernista, elaborado con hierro forjado, hasta tirolés, utilizando láminas de madera tallada. En cualquier circunstancia, para dar un enfoque decorativo a estos elementos desde el punto de vista del cultivo de plantas ornamentales, es preciso contar con aquellos que poseen al menos parte de su superficie en forma de reja o bien disponen de espacios libres en la madera creados mediante calado o por la distribución de láminas en empalizada.

A través de cualquier oquedad, los tallos de las especies trepadoras se distribuyen creando una combinación muy llamativa, sobre todo si se emplean diferentes variedades de hiedra (*Hedera* sp.), escogiendo las de hoja más grande cuando los espacios libres y la puerta sean de mayor tamaño, y las de hoja pequeña cuando se dé el caso contrario. Del mismo modo, conviene seleccionar las hiedras de tonalidad verde más intensa para las puertas decoradas con tonos claros, mientras que las variegadas en color blanco o amarillo ofrecen mayor contraste cuando el fondo es más oscuro.

El modo de lograr que los tallos se mantengan en su posición, a pesar del movimiento de giro cotidiano que conlleva, no presenta ningún problema, siendo posible escoger entre dos opciones diferentes.

Si existe un mínimo espacio de terreno disponible en el lateral donde se encuentran ubicadas las bisagras

En una zona expuesta de forma continua al sol, las flores de la uña de gato adquieren pleno desarrollo.

Mediante el cultivo de plantas de temporada, las borduras de los caminos adquieren matices cromáticos muy variados.

de la puerta, es posible plantar directamente allí una o dos matas de la especie seleccionada, dirigiendo los tallos hacia los huecos de modo que puedan agarrarse a medida que alcancen mayor longitud. Hay que situarlos siempre cuando la puerta está cerrada, dejando cierto margen para que no queden tirantes y no puedan troncharse al abrir. Al principio, resulta conveniente afianzarlos con un trozo de alambre o cuerda, hasta que comiencen a entrelazarse y se sujeten por sí mismos.

La otra opción, cuando la puerta es suficientemente robusta y el espacio disponible así lo permite, consiste en colocar por la cara interna una o dos jardineras no demasiado pesadas afianzadas con unos soportes metálicos. En ellas, además de cultivar los ejemplares de enredadera seleccionados, que se orientarán hacia la cara externa de la puerta a través de las zonas libres de la reja o la empalizada, también resulta muy decorativo incluir alguna planta de temporada de tallos colgantes, como el canastillo (*Alyssum* sp.) o el heliantemo (*Helianthemum* sp.), para que contribuyan a proporcionar mayor encanto al jardín.

PAVIMENTOS Y SUELOS

El sistema más sencillo de crear una zona de paso que comunique los principales puntos del exterior del hogar, como por ejemplo puertas de entrada a la casa y salida a la calle, terraza, e incluso el cenador o el garaje, es sin duda realizarla con gravilla de diferentes colores, volcánica o de río. Tan sólo requiere marcar y delimitar el trazado y las dimensiones de cada tramo, rellenando después hasta lograr un estrato de varios centímetros, y nivelarlo luego para que no se creen irregularidades superficiales. Durante los días de lluvia el agua se filtrará rápidamente, impidiendo la aparición de charcos que compli-

Determinadas especies de bulbosas resultan idóneas para proporcionar color a los márgenes de un paseo.

En los laterales de la fachada donde existe una zona de acceso no debe descartarse la presencia de un árbol de mediano tamaño.

Los setos de separación contribuyen a diferenciar los distintos ambientes creados en el jardín.

quen el paso. Los únicos inconvenientes que presentan son la dificultad que tienen para limpiarlas y, que si las chinas son demasiado pequeñas, pueden quedar incrustadas en la suela de los zapatos.

Complicando tan sólo un poco más el trabajo a desempeñar para obtener superficies más estables, hay que recurrir al pavimentado, utilizando cemento como elemento de fijación. Así, pueden prepararse mosaicos confeccionados con piedras de río, secciones de troncos de diferentes grosores o trozos de azulejo, al igual que los tradicionales suelos de ladrillos macizos y adoquines de piedra, tarimas para exteriores elaboradas con madera de teka o preparada con un baño antimoho, y pavimentos de losetas de pizarra o cualquier otro tipo de piedra cortada en láminas irregulares.

Es muy importante que antes de iniciar el trabajo, al distribuir los niveles de la zona de paso, se tenga en cuenta la evacuación del agua para que no se formen charcos en su interior, marcando la línea a seguir con cuerda atada a piquetas clavadas en los márgenes. Primero hay que poner una capa de pasta de cemento y arena, considerando el grosor del material que llevará encima, avanzando poco a poco para que no se endurezca en exceso.

Las piedras, las losetas y los ladrillos pueden colocarse pegados unos a otros o bien dejar ranuras de separación que después se cubrirán de cemento mezclado con arena, mientras que la tarima de madera ha de colocarse sobre una capa del mismo mortero una vez esté endurecido totalmente.

Con diferentes variedades de rosa es posible obtener arriates destinados a proporcionar agradables fragancias a los paseos.

Los pasajes de contorno curvo ofrecen la ventaja de proporcionar superficies de cultivo aptas para arbustos que aceptan las labores de poda ornamental.

PLANTAS PARA FLANQUEAR LAS ZONAS DE PASO

Si el paseo de entrada ha sido diseñado con originalidad y acierto, destacándole con buen criterio del entorno para que esta zona del exterior del hogar adquiera aún mayor relevancia, es preciso recurrir a especies vegetales, ya sean cultivadas directamente en el suelo del jardín, si se dispone de él, o utilizando jardineras y macetas que permitan un desarrollo adecuado de las mismas.

Entre los ejemplares más apreciados se encuentran sin duda los que presentan copas ornamentales, como ocurre con las madreselvas arbustivas (*Lonicera* sp.), los boj (*Buxus sempervirens*), los madroños (*Arbutus unedo*) o los rosales de copa y llorones (*Rosa* sp.). La posición que han de ocupar conviene que sea al inicio o al final de la zona de paso, en la parte interna de una curva si existiese, o en macizos creados como isletas internas en caso de que hubiese suficiente espacio disponible.

Como complemento de estas plantas o alternativa, cuando se prefiere emplear especies que no precisen de una poda y cuidados tan selectivos, resulta aconsejable recurrir al romero (*Rosmarinus officinalis*), la verónica (*Hebe* sp.), el falso ciprés (*Chamaecyparis* sp.) o el junípero (*Juniperus* sp.).

Existe otra posibilidad más que se puede utilizar de forma aislada o como complemento a las dos opciones anteriores, que es la distribución de plantas de temporada para flanquear los márgenes del pavimento. Entre las más llamativas están el altramuz (*Lupinus* sp.), el alhelí (*Mattiolla incana*), la salvia (*Salvia splendens*) o los crisantemos (*Chrisanthemum* sp.), en los que resulta muy vistoso intercalar pequeños ejemplares de boj (*Buxus sempervirens*). Del mismo modo, la alternancia de rosales enanos con plantas aromáticas, como el serpol (*Thymus serpyllum*) o la santolina (*Santolina* sp.), ofrece un contraste muy atrayente.

Las fachadas pueden cambiar su aspecto recurriendo al cultivo de diversas plantas de exterior.

Los bordes de los caminos resultan ideales para distribuir plantas de reducido tamaño y con floración o follaje estéticamente vistoso.

Estructuras ornamentales

Además de encontrar belleza y armonía en los tallos de las plantas decorativas, también es posible descubrir tales calificativos en otros elementos que están pensados para situar en el exterior de la casa. Se trata de estructuras de madera, metal o plástico, diseñadas para crear elementos de separación y superficies de fijación a las plantas trepadoras, o como simples soportes destinados a proporcionar sombra durante el verano.

Los espacios abiertos y amplios, en especial en zonas próximas a la fachada o incluidas en la propia construcción, como los áticos o los patios, habitualmente disponen de plantas distribuidas en los laterales y los vértices, desaprovechando buena parte de su extensa superficie. Para potenciar estos lugares y al tiempo incrementar la abundancia y la frondosidad del vergel que crece en torno al hogar, resultan ideas excelentes recurrir a la instalación de una llamativa pérgola, a la siempre agradable presencia de una celosía, o tal vez a la colocación de algún arco solitario o en combinación con las anteriores estructuras.

ARCOS

La presencia de los arcos en el exterior del hogar, ya sea como elementos decorativos o con la función de ejercer como soporte para dirigir el desarrollo de las plantas, es una solución ornamental casi siempre.

Hay muchas y muy variadas zonas que admiten su instalación; por ejemplo, sobre la puerta que comunica con el exterior instalado en las pilastras que la flanquean, formando parte del propio muro que da acceso al jardín, participando en la construcción de pérgolas y porches, como elementos aislados próximos a la fachada, o bien sobre pozos y estanques, incrementando y favoreciendo la belleza de las formas que surgen de las plantas instaladas en su base.

Los pedestales y los recipientes en forma de copa proporcionan matices estéticos de singular belleza.

Los zócalos y los márgenes de terrazas y balcones adquieren un singular realce cubriéndolos con cañizo.

Es posible encontrar arcos elaborados en hierro formando parte de estructuras, realizados sobre paneles de celosía de madera para apoyar sobre la pared o separando espacios que se han convertido en terrazas y ambientes de descanso, ya estén fabricados en piedra o cualquier otro material de construcción, destinados a proporcionar personalidad propia a cualquier rincón o zona de paso.

En estos casos, debido a la escasa superficie de apoyo que ofrecen, conviene utilizar ejemplares que no presenten demasiado follaje, ya que siempre es mucho más atractivo descubrir el perfil de una columna o el contorno de sus trazos curvos entre las flores y las hojas de la especie que crece sobre él.

Los rosales trepadores (*Rosa* sp.) son indudablemente los más apreciados, teniendo en cuenta que proporcionan flores de considerable belleza al tiempo que se mantienen temporada tras temporada, sin cargar en exceso de tallos y hojas la figura del arco.

Sin embargo, si se desean ejemplares no tan robustos y que la superficie por la que trepan quede totalmente libre durante el invierno, las clemátides (*Clematis* sp.), las ipomeas (*Ipomoea* sp.), las pasionarias (*Passiflora carulea*) y las dulcamara (*Solanum album*), ofrecen este tipo de ventaja sin renunciar a la presencia de las flores.

Otra opción es elegir especies de hoja caduca que, aún sin disponer de floración vistosa, alternan la coloración verdosa de la primavera y el verano con la rojiza del otoño, como sucede con la hiedra holandesa (*Parthenocissus tricuspidata*) y la hiedra vid (*Parthenocissus quinquefolia*).

PÉRGOLAS

Ya sea instaladas en terrazas, cubriendo las zonas de paso y entrada o creando lugares de sombra en el jardín, las pérgolas son elementos de incalculable valor para conferir equilibrio y encanto a cualquier ambiente de exterior.

Las estructuras elaboradas con materiales de construcción, en forma de pilares de ladrillo o piedra

Para favorecer el aspecto de estatuas y figuras conviene emplear especies de elegante y llamativa floración.

coronados por viguetas de hierro o madera, son las más firmes y robustas, encajando perfectamente con el entorno de las fachadas y los muros de separación que pudieran existir, pero ésta no es la única posibilidad. En la actualidad, las pérgolas se han convertido en complementos decorativos de gran belleza y elegancia, ya sean las confeccionadas con hierro forjado en forma de originales rejas, las que se levantan a partir de pilares y vigas de teka tratada, u otros tipos de maderas resistentes a la intemperie, reproduciendo tanto ambientes occidentales como orientales.

El tradicional techado vegetal creado a partir de las conocidas parras (*Vitis vinifera*), tan habitual en los ambientes costeros de la Cuenca Mediterránea, también puede estar acompañado por hermosas matas de glicinia (*Wisteria* sp.), jazmines (*Jasminum* sp.), buganvillas (*Bougainvillea* sp.) o campsis (*Campsis* sp.).

El colorido se diversifica, las formas y la frondosidad del follaje varía, y el esplendor del jardín gana con todo ello. Además, debido a la gran altura que llegan a alcanzar algunas de estas pérgolas, ofrecen la

Las pérgolas suponen una superficie idónea para el desarrollo y la floración de las glicinias.

posibilidad de establecer dos zonas de desarrollo para plantas diferentes, podando con vigor las trepadoras en la parte más cercana al suelo y dejando libre este espacio para que los ejemplares perennes, como las hortensias (*Hydrangea* sp.), las camelias (*Camelia* sp.), las adelfas (*Nerium oleander*) y los rosales (*Rosa* sp.), o las aromáticas, como el romero (*Rosmarinus officinalis*) o la lavanda (*Lavandula spica*) formen setos a media altura apoyados en sus pilares.

CELOSÍAS Y TRAMAS DECORATIVAS

En ocasiones, las extensas superficies que presentan las fachadas del hogar resultan algo monótonas dentro del entorno ajardinado y, aunque podrían instalarse plantas trepadoras que poseen raíces que facilitan su adherencia, se prefiere disfrutar de una estructura decorativa entre la que surjan tallos y flores no demasiado tupidos ni de desarrollo

Las rejas, además de conferir protección, otorgan singularidad a las fachadas con sus diferentes estilos.

excesivamente extenso. Para ello, la instalación de una celosía de madera, chapa o plástico, en su tono natural o cubierta por una capa de pintura del color que más convenga, resulta ideal.

El modo de fijarla a la pared consiste en crear puntos de amarre a base de escarpias y argollas, de las que partirán trozos de alambre o cuerda para atarlas con firmeza. Han de situarse en la base una o varias jardineras con los ejemplares escogidos, destacando entre otros el guisante ornamental (*Lathirus odoratus*), el jazmín de invierno (*Jasminum nudiflorum*) y el de verano (*Jasminum officinale*). También cabe la posibilidad de acom-

Para lograr que las celosías resalten con elegancia conviene seleccionarlas en colores que contrasten con el fondo.

El desarrollo típico de las trepadoras puede reproducirse cultivando arbustos con ramas guiadas mediante labores de poda y elementos de sujeción.

En espacios reducidos, donde las enredaderas no encuentran superficie de apoyo, es preciso ubicar una celosía.

pañarlos con alguna trepadora de interior, siempre y cuando haya suficiente protección y el ambiente sea benigno, como el roicisus (*Rhoicissus* sp.) o el poto (*Scindapsus aureus*).

En esta misma línea decorativa y al tiempo práctica, resulta sencillo recurrir a otros recursos ornamentales, fruto del reciclaje o la propia imaginación aplicada a los elementos cotidianos a nuestra disposición, como por ejemplo las redes de pescador de trama gruesa, tensadas adecuadamente sobre la pared o el techo y por las que avanzarán las hiedras (*Hedera helix*) o las parras (*Vitis vinifera*), o las mallas confeccionadas con cuerda de esparto o cáñamo, emulando las escalas de los grandes veleros en las que, además de servir de apoyo a las enredaderas, podrán engancharse macetas de pequeño tamaño para permitir que plantas de tallos colgantes adornen el singular accesorio.

Como elección muy práctica cabe citar la distribución de guías instaladas en paredes y techos de terrazas, elaboradas con enganches colocados estratégicamente entre los que pasarán tiras de cuerda o alambre, marcando la dirección de crecimiento de los ejemplares más frondosos, adaptables a este tipo de desarrollo sobre superficies verticales o totalmente invertidas.

En cualquiera de los casos anteriormente citados, resulta recomendable escoger materiales que aporten una tonalidad distinta a la que presenta la fachada, con intención de lograr que resalte con mayor protagonismo la silueta y la forma de la estructura de fijación, enriqueciendo con acierto y originalidad la bella estampa creada en los alrededores de la casa.

Determinadas plantas pueden cubrir por completo estructuras ornamentales como arcos y pilares.

Índice

Porches, patios, terrazas y balcones. Mil ideas y soluciones

Porches y recibidores	4
Fachadas y muros	6
Plantas para delimitar el entorno	12
La despensa ornamental	16
Terrazas para disfrutar	18
Balcones con encanto	22
Los patios	26
Las azoteas y los áticos	30
Escaleras y zonas con desnivel	34
Las plantas y el mobiliario	36
Accesos y pasajes	40
Estructuras ornamentales	44